SARAH MENZ

UNSER NEST!

LÄSSIG WOHNEN MIT FAMILIE

Auf www.SoLebIch.de/Unser-Nest finden Sie weitere Informationen und Inspirationen, können sich mit anderen wohninteressierten Eltern austauschen und sehen, wie andere Familien wohnen. Im Buch finden Sie an verschiedenen Stellen Hinweise, wenn es weitere Informationen im Internet zum jeweiligen Thema gibt."

SARAH MENZ

UNSER NEST!

LÄSSIG WOHNEN MIT FAMILIE

Die Dinge des Lebens

10 Fragen an

Wie MACHEN das die ANDEREN?

Familienglück

Warum sieht es bei uns immer so chaotisch aus? Besteht das Leben anderer Eltern eigentlich ebenfalls nur noch aus Aufräumen und Wäsche waschen? Freuen sich andere Mütter auch manchmal aufs Büro? Ganz ohne Kinder genüsslich morgens den Kaffee zu trinken? Muss mich das schlechte Gewissen plagen, weil ich mich diebisch auf diese kleinen kinderlosen Momente freue? Warum war ich schon so lange nicht mehr im Kino? Warum ist das Sofa unserer Freunde, die auch zwei Kinder haben, immer noch strahlend weiß und nicht wie unseres mit Schokohänden übersät? Wie wuppt meine Freundin scheinbar mit links Beruf und Familie und sieht auch noch blendend dabei aus?

Ein Zuhause, in dem sich alle wohl fühlen – Familie und Freunde.

EMPANGENI
GINGINDLOVU
GLENCOE
GOLELA
GRAAFF-REINET
GRAHAMSTOWN
HARRISMITH
HLUHLUWE
JOHANNESBURG

Im Wohnraum klopft das Herz jeder Familie. Hier verbringen wir die meiste Zeit miteinander.

Familienstammtisch – ein großer Tisch ist der zentrale Treffpunkt für alle.

Stopp. Wenn um 5.34 Uhr die Nacht zu Ende ist und man vor dem Kindergarten bereits einen Frühjahrsputz hingelegt hat, passiert es schon mal, dass die Frisur nicht perfekt sitzt. Und über den Tag verteilt, kommt ja noch das eine oder andere Wehwehchen der Kinder dazu.

Gerade in Familien, in denen beide Elternteile arbeiten, kann eine Mittelohrentzündung oder eine kaputte Waschmaschine kurzzeitig das ganze schöne Konstrukt ins Wanken bringen. Sämtliche Pläne sind dahin. Herumliegendes Spielzeug, mittelschwere Überschwemmungen im Badezimmer und Berge voller Schmutzwäsche bestimmen den Alltag. Tränen und Glücksmomente wechseln sich genauso ab wie bunte Kindergeburtstage mit schlaflosen Nächten. Unsere 1,60 Meter breite Matratze ist aber auch einfach nicht für vier Leute gedacht!

Doch es gibt eigentlich nichts Schöneres, als nach Hause zu kommen. Denn das größte Glück der Erde ist eine gesunde Familie und ein harmonischer Alltag.

Und seien Sie versichert, die Fragen oben stellt sich bestimmt auch ihre Freundin. Obwohl nach außen alles ganz nach Friede, Freude, Eierkuchen aussieht ...

Nestbau

Eine Wohnung mit Kindern muss um einiges besser funktionieren als eine Singlewohnung. Wo steht der Wäscheständer, an dem immer Wäsche hängt? Ist die Tapete, die den Flur so schön macht, auch abwaschbar? Und wo platziert man Gummistiefel und Regenhosen, damit sie – trocken versteht sich – für den nächsten Einsatz bereit sind? Und Stauraum muss die Wohnung haben. Denn es sammelt sich jede Menge Zeug an, was untergebracht werden will.

Bei all ihren praktischen Eigenschaften darf eine Familienwohnung jedoch nicht nur zweckmäßig sein. Warm und geborgen wollen wir uns fühlen. Und gemütlich soll sie sein. Dabei aber natürlich auch den Bedürfnissen und Interessen aller gerecht werden, um sich zu Hause zu fühlen und die gemeinsame Zeit zu genießen.

Und dann muss eine Familienwohnung allzeit wandelbar sein. Es ist nicht nur das Kinderbett, das plötzlich zu klein geworden ist, oder die Farbe an der Wand, die auf einmal nicht mehr gefällt. Auch der Rhythmus einer Familie ändert sich ganz rasant. Deshalb sollten anstehende Umbaumaßnahmen wirklich mittel- und langfristig funktionieren und nicht auf momentane Befindlichkeiten des Nachwuchses eingehen. Zumindest nicht baulich gesehen.

Im direkten und übertragenen Sinne braucht jedes Mitglied der Familie seinen Lebensraum, um für sich zu sein. Dazu gehören regelmäßige Kinobesuche mit der Freundin genauso wie ein entspanntes Abendessen mit Ihrem Liebsten. Ohne Kinder!

Dazu gehört aber eben auch, sich so einzurichten, dass jeder zu Hause seinen Raum und seine Rückzugsmöglichkeit hat. Sein persönliches Revier, in dem er ganz für sich sein kann.

Liebevoll eingerichtete Ecken und individuelle Ideen machen aus einer Wohnung ein Zuhause.

Mit simplen Einrichtungstricks schaffen Sie sich ein Zuhause, in dem Sie entspannen und auftanken können. Eine Atmosphäre, in der sich Familie und Freunde wohl fühlen. Bauen Sie ein liebevolles Nest, in dem Ihre Kinder wachsen und sich entwickeln können.

Familientyp – Wohntyp

Es spielt keine Rolle, ob Sie im Reihenhaus am Stadtrand, in der Altbauwohnung mitten in der City oder in einem großzügig geschnittenen Haus auf dem Land wohnen – in einer Familienwohnung gibt es eigentlich immer Optimierungsmöglichkeiten.

Gehören Sie zu den Menschen, die es, bevor die Kinder kamen, pur und schlicht mochten? Und fällt es Ihnen schwer, sich an das Chaos zu gewöhnen, das Kinder nun mal verbreiten? Ist Ihnen die Ordnung nicht ganz so wichtig, Sie fühlen sich wohl in Ihren charmanten und zusammengesammelten Möbeln, Ihnen fehlt aber Ihr persönliches Rückzugsgebiet? Ist es die Aufteilung der Küche, die nicht mehr funktioniert? Oder stört Sie vielleicht doch nur das gewischte Gelb, das Sie vor Jahren mal an die Wand gebracht haben?

Auf der Suche nach dem, was Sie wirklich wollen, sollten Sie sich im Klaren über Ihre Ist-Situation sein. Versuchen Sie herauszufinden, wie Sie wohnen und was Sie gern daran ändern möchten. Mit einfachen Fragen werden Sie feststellen, was Ihnen besonders wichtig ist und welche Dinge in Ihrer Familie und in Ihrer Wohnung eine untergeordnete Rolle spielen.

◁ Lümmelzone – auf dem gemütlichen Sofa machen es sich alle bequem.

▽ Nichts spricht dagegen, seinen anspruchsvollen Wohnstil auch mit Kindern beizubehalten.

Die Puristen

Der Purist liebt seine sparsam gestellten Designermöbel über alles. Seine Lieblingsfarbe ist Weiß oder zumindest Hell: weißes Sofa, weiße Regale, hellgrauer Teppich und ein Tisch mit einer tollen, aber empfindlichen Lackoberfläche. Und er liebt es klar und aufgeräumt.

Dieser Wohntyp verbindet mit dem Gedanken an Kinder, dass er all seine edlen Stücke mitsamt seinen sauberen Wohngewohnheiten auf den Dachboden packen kann. Und diese Kartons kann er erst wieder hervorholen, wenn die Kinder aus dem Gröbsten raus sind. Aber keine Sorge, ganz so schlimm muss es nicht kommen. Sicherlich werden Sie ein paar Kompromisse eingehen müssen, und das werden Sie zu gegebenem Anlass auch gern tun, aber es gibt keinen Grund, seinen Wohnstil komplett zu ändern. Schlichte Spielkästen, geschlossene Stauräume und moderne Kindermöbel integrieren sich wunderbar in das Design der Eltern.

Mit ausgesuchten Materialien für sämtliche Oberflächen und entsprechender Reinigungsmunition lässt es sich auch mit Kindern in einer stylischen Wohnung gut und schön leben.

Die Sammler

Der Sammler hortet alles, was er besitzt: Alltagsgegenstände, die er irgendwann mal brauchen könnte, Nippes, die ihn an den einen oder anderen Moment seines Lebens erinnern, und meterweise alte Zeitschriften. Seine Wohnung gleicht einem Museum. Wenn aber Sandwich-Toaster oder nostalgischer Osterschmuck wirklich mal zum Einsatz kommen könnten, sind sie meist nicht auffindbar. Das Sammeln alter Möbel auf dem Flohmarkt ist zwar ganz im Sinne des angesagten Vintage-Stils, könnte aber das Familienleben extrem unübersichtlich gestalten.

Sie werden ums Ausmisten und Neusortieren nicht herumkommen. In rasantem Tempo häufen sich nämlich auch noch die Besitztümer Ihrer Kinder, und dann kann es durchaus Messie-Ausmaße annehmen. Der Charme Ihres Sammel-Stils und die nostalgischen Details müssen auch nicht komplett aus Ihrer Wohnung verschwinden. Ein bisschen Chaos ist völlig normal. Ein klares Ordnungssystem als Basis sollte das Ganze nur überschaubarer gestalten.

Die Ordnungsfreaks

Kinder und Ordnung ist, wie Sie sich denken können, ein leidiges Thema. Ordnung sorgt auch, egal wie alt die Kinder sind, immer wieder für Zündstoff. Das Gemeine daran: Auch wenn man das mit der Ordnung nicht fanatisch sieht, so räumt man mit Kindern im Haushalt täglich 24 Stunden auf.

Aber dennoch ist die Eigenschaft, ordentlich zu sein, eine ehrbare Tugend, mit der sich meist ganz gut leben lässt und die letzten Endes ja auch eine gute Grundlage für den familiären Alltag ist. Allerdings müssen Sie lernen, bei Kekskrümeln auf dem Teppich und umgekippten Legokisten durchzuatmen. Drosseln Sie Ihren Perfektionismus. Es gibt Kompromisse, die Sie eingehen müssen. Das macht das Leben miteinander wesentlich entspannter. Ein bisschen gewöhnt man sich ja auch an das tägliche Chaos. Ein gewisses Recht zur Unordnung sei den anderen zugestanden.

Aber wenn es Ihnen dennoch so wichtig ist, gestalten Sie Ihr Ordnungssystem so, dass es auch den Kinder leichtfällt, Ordnung zu halten. Und sorgen Sie vor, falls es das Budget erlaubt: Wenn Ihre Putzfrau bisher einmal wöchentlich kam, sollten Sie dann vielleicht ihren Einsatz verdoppeln.

Stilfindung

Der erste Schritt, sich seine vier Wände familienfreundlicher zu gestalten, ist sicherlich eine Bestandsaufnahme der Wohnsituation.

Machen Sie sich bewusst, wie Sie eigentlich wohnen. Je konkreter Sie sich darüber Gedanken machen, umso leichter ist es dann, mit Pinsel und Farbe oder einem neuen Sofa auf Störendes zu reagieren.

Kleinste Eingriffe, ein neuer Teppich, ein anderer Platz für den Sessel, haben mitunter eine überzeugende Wirkung. Oder macht eine extreme Veränderung des Familienlebens – ein Baby wird geboren oder ein Kind kommt in die Schule – eine komplette Umstrukturierung notwendig, eventuell eine Rundumrenovierung? Vielleicht liegt die Lösung Ihres Problems aber einfach nur darin, zwei oder drei Möbelstücke zu verrücken.

Passen Sie eigentlich in Ihre Wohnung?

Denkanstöße:

Gehen Sie durch Ihre Wohnung – vielleicht mit einer Tasse Kaffee oder Tee –, wenn Sie allein sind. Früh morgens, wenn der Rest der Familie noch schlummert. Oder Sie verschaffen sich die nötige Ruhe, indem Sie Ihrem Mann samt Kindern eine Runde Schwimmbad oder Spielplatz verordnen. Betrachten Sie Ihr Zuhause auch mit den Augen eines Besuchers. Welchen Eindruck vermittelt es einem Nicht-Familienmitglied?

Machen Sie dieses Umgestaltungsprojekt zur Familiensache und nutzen Sie den Ideen-Pool Familie. Es wäre fatal, irgendetwas über die Köpfe Ihrer Kinder oder Ihres Partners hinweg zu entscheiden. Denn schließlich geht es ja darum, möglichst auf die Wünsche aller einzugehen. Wählen Sie ein gemeinsames, ausgedehntes Abendessen, um über die Punkte zu sprechen, die jeden stören. Aber auch, was die einzelnen Mitglieder toll in ihrem Zuhause finden. Außerdem macht es Spaß, sich die Wohnvorschläge des Nachwuchses anzuhören.

FÜR UND WIDER
Schreiben Sie sich zu jedem Raum eine Pro- und Kontraliste. Schnell wird klar, wo dringend Änderungsbedarf besteht.

- *Passt die Wohnung zu Ihnen?*
- *Was sagen die Wohnung, die Möbel, die Dekoration über Sie aus?*
- *Wovon träumen Sie?*
- *Wann fühlen Sie sich wohl in Ihrem Zuhause?*
- *Kommen Freunde gern zu Ihnen?*
- *Wer in der Familie fühlt sich nicht wohl?*
- *Was funktioniert in Ihrer Wohnung gut?*
- *Welche Möbel werden häufig genutzt und welche gar nicht?*
- *An welchen Möbeln hängen Sie?*
- *Was an der Einrichtung stört Sie?*
- *Wo sind die schönen Ecken in der Wohnung?*
- *Wie riecht es eigentlich in Ihrer Wohnung?*
- *Wo halten Sie sich zu welcher Tageszeit am liebsten auf?*

Möbelkombinationen, die Wandfarbe, Erinnerungsstücke und der Duft verleihen einem Zuhause Stil und Persönlichkeit.

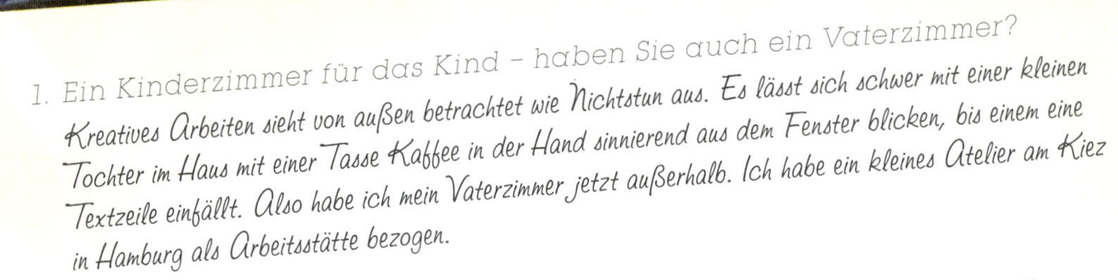

1. Ein Kinderzimmer für das Kind – haben Sie auch ein Vaterzimmer?

Kreatives Arbeiten sieht von außen betrachtet wie Nichtstun aus. Es lässt sich schwer mit einer kleinen Tochter im Haus mit einer Tasse Kaffee in der Hand sinnierend aus dem Fenster blicken, bis einem eine Textzeile einfällt. Also habe ich mein Vaterzimmer jetzt außerhalb. Ich habe ein kleines Atelier am Kiez in Hamburg als Arbeitsstätte bezogen.

2. Wenn Sie es sich wünschen könnten – welches Instrument würde Ihre Tochter spielen?

Schlagzeug ist ein Instrument, welches ich als Kind schon toll fand und welches ich selbst gern beherrschen würde. Sollte meine Tochter sich in ein Drumkit verlieben, arrangiere ich das mit den Nachbarn.

3. Inwiefern haben Sie sich das Familienleben anders vorgestellt?

Ich wusste zwar, dass ein Kind eine größere Änderung im Alltag bedeutet, aber die massive Veränderung in der Partnerschaft und in den eigenen Gewohnheiten überrascht mich stellenweise noch immer. Früher wäre ich nie vor zehn aus dem Bett gekommen. Jetzt wache ich von allein um halb acht auf. Das ist ein harmloses Beispiel für Veränderungen.

4. In Ihrer Band sind mittlerweile alle Väter. Gibt es im Tourbus Veränderungen?

Wir nehmen die Familie ja nicht mit auf Tour. Sie kommt uns gelegentlich besuchen, aber das Tourleben ändert sich nicht groß dadurch.

5. Was durften Sie früher nicht, was Sie jetzt unbedingt Ihren Kindern erlauben?

Zur Beruhigung auch mal etwas Fernsehen gucken. In den 70ern ging man davon aus, dass das TV im Grunde schlecht für Kinder ist. Das dachte man in den 50ern ja auch vom Radio. Heute gucke ich, wenn meine knapp zweijährige Tochter nicht zu beruhigen ist, einen „Kleinen Maulwurf" auf YouTube. Fünf Minuten und alles ist wieder in Ordnung.

6. Welcher Gegenstand in Ihrer Wohnung ist tabu für Ihr Kind?

Ein komplettes Tabu gibt es nicht. Dass der Herd heiß ist und solche Sachen sind ja klar. Aber einen Eltern-Fetisch, der nicht berührt werden darf, gibt es nicht.

7. Was macht Ihr Zuhause zum Zuhause?

Meine Familie.

8. Was kommt Ihnen nie ins Haus, auch wenn Ihr Kind noch so bettelt?

Ein Hund. Für den Fall, dass meine Frau das hier liest: Schatz, jetzt ist es raus. Ich habe nichts gegen Hunde, aber ein zusätzlicher Hund schränkt meines Erachtens Reisefähigkeiten und Spontanität noch mehr ein, als es ein Kleinkind ohnehin tut.

9. Welches ist Ihr Lieblingskinderlied?

Ich erfinde dann und wann selber eins. Es gibt auch eine kleine Playlist mit Amy-Songs, die unsere Tochter gut kennt. Da ist zum Beispiel „All together Now" von den Beatles oder „Root Beer Rag" von Billy Joel drauf. Das sind Top-Kinder-Songs.

10. Wie halten Sie es mit Tischmanieren?

Essen, das in die Hand genommen wurde, sollte auch durch den Mund in den Magen transportiert werden.

10 FRAGEN AN Smudo

Musiker

Je großzügiger und offener ein Wohnraum eingerichtet ist, umso mehr Handlungsspielraum hat jedes Familienmitglied.

Gemeinsame Räume

Die Unterteilung der Wohnung in Bereiche oder Rückzugszonen ist den Kindern herzlich egal. Denn besonders die kleinen Zwerge machen sich ohne zu fragen in der ganzen Wohnung breit und erklären genau die zwei Quadratmeter um einen herum zur Spielfläche. Egal, ob man dann gerade mit Töpfen am Herd hantiert oder es sich eigentlich, in Ruhe und vielleicht auch mal allein, in der Badewanne gemütlich machen wollte. Sie packen kurzerhand all ihr Hab und Gut zusammen, bevorzugt in fahrbare Untersätze wie Puppenwagen, und spielen dort,

Mit Körben und Kisten schafft man nach dem Spiel schnell Ordnung im Wohnzimmer.

wo sie sich am wohlsten fühlen: in der Nähe von Mama oder Papa. Und das ist dann eben in der Küche oder im Badezimmer – ob es gerade passt oder nicht. Und das ist ja auch schön so, denn schnell genug ändert sich die Einstellung des Nachwuchses und man ist als Elternteil bei den Teenagern bestenfalls geduldet.

Eine Wohnung unterteilt sich in zwei Bereiche: Das sind zum einen die Gemeinschaftsräume mit dem zentralen Treffpunkt Wohnzimmer oder Wohnküche und zum anderen die ganz privaten Räume wie Kinderzimmer und Schlafzimmer, in die sich jedes einzelne Familienmitglied zurückziehen kann.

Die Kinder haben ihr Kinderzimmer, in das sie sich zurückziehen. Dass sich auch die Eltern ihre ganz privaten Oasen im Schlafzimmer oder Wohnzimmer schaffen, um sich bei Bedarf mal aus dem Familientrubel herauszuziehen, erfordert einen besonderen Umgang mit der Einrichtung.

Je kleiner die Wohnung, umso sinnvoller will jeder einzelne Quadratmeter genutzt werden. Im Vorfeld ist es deshalb besonders wichtig, sich gewisse Familienabläufe klarzumachen.

Je konkreter störende Faktoren genannt werden können, umso schlüssiger kann die Wohnung neu aufgeteilt werden.

Fragen zur Wohnstruktur:

- Ist für jeden genug Freiraum vorhanden?
- Stimmt die Balance zwischen privaten und gemeinschaftlichen Räumen?
- Ist die bestehende Aufteilung sinnvoll?
- Wann und wo hält sich die Familie am häufigsten auf?
- Passen die Lichtverhältnisse zur Funktion der einzelnen Räume?
- Wie viel Zeit wird wo verbracht?
- Wer fühlt sich warum nicht wohl?
- Ist ausreichend Stauraum vorhanden?
- Wo entstehen Reibereien untereinander?
- Welcher Raum ist zu klein, welcher zu groß?

Mit Kisten voller Spielzeug unterwandern die Kleinen langsam aber sicher die Wohnung und spielen am liebsten immer da, wo Mama oder Papa sind.

Flur und Eingangsbereich

Herzlich willkommen!

Für Kinder ist der Flur die perfekte Bobby-Car-Rennstrecke. Wahlweise kann man dort auch die ersten Versuche mit den neuen Rollschuhen machen oder einfach mit viel Lärm auf und ab rennen. Hier ist Platz und hier steht nichts rum – freie Bahn sozusagen.

Der Flur ist in erster Linie der Verkehrsweg, der die meisten Räume miteinander verbindet. Das bedeutet, er muss möglichst durchgängig bleiben, sperrige Möbelstücke sind hier fehl am Platz. Der eine kommt – der andere geht. Er ist der Bereich der Wohnung, in dem die größten Bewegungen und Aktionen stattfinden.

Außerdem ist der Flur mit der Wohnungstür der Eingangsbereich unseres privaten Zuhauses. Dementsprechend sollte man dort eine einladende Atmosphäre schaffen. Gerade weil es nur ein paar Quadratmeter sind, auf denen aber mehrere Funktionen vereint werden müssen, lohnt es, sich ein paar Gedanken mehr zu machen.

Freie Fahrt im Flur! Ist der Eingangsbereich klar und freundlich gestaltet, tritt man auch als Gast gern ein.

Farbigkeit

FREUNDLICH Pastelltöne, nicht zu bonbonfarben, machen den Flur mit seinen paar Quadratmetern schon wohnlich und einladend. Außerdem lassen helle Farben kleinere Flure optisch größer wirken.

AKZENTE Wünschen Sie sich kräftigere Farben, belassen Sie es lieber bei Akzenten. Nur eine Wand oder ein Streifen, quer oder hochkant, ist die sinnvollere Lösung.

DOPPELSPIEL Hübsch ist auch eine farblich geteilte Wand. Dabei unbedingt die Sockelfarbe, etwa bis Brusthöhe, dunkler wählen als die obere Partie.

Familienplanung: Jedes Kind bekommt eine lackierte Metallplatte mit seinem Namen. Mit Magneten werden dort Stundenpläne, Zahnarzttermine und Kunstwerke aufgehängt.

Stauraum

GARDEROBE Nicht weit von der Wohnungstür entfernt sollte die Garderobe platziert sein. Wählt man dafür einen geschlossenen Schrank, kann man das Chaos hinter den Türen schnell mal verbergen. Je besser Haken oder Bügel für die Kinder erreichbar sind, umso eher werden die auch ihre Jacken und Mäntel aufhängen.

DOPPPELTER BODEN Hohe Decken in Altbauten sind nicht nur sehr charmant, man kann sie auch praktisch nutzen. Sic können an einem Ende des Flurs eine Zwischendecke einziehen, um Koffer, Wintergarderobe oder eine Gästematratze zu verstauen. Die neue Decke sollte aber eine Durchlaufhöhe von 2,30 Metern nicht unterschreiten.

SITZPLATZ Stühle, Bänke oder Kisten mit gepolstertem Deckel, in denen Sie gleichzeitig auch etwas unterbringen können, schaffen im Eingangsbereich eine wohnliche Atmosphäre. Außerdem macht es das Schuhanziehen bequemer.

STIEFELKNECHT Mit den Klammern an Hosenbügeln lassen sich Kinderschuhe und -stiefel wunderbar aufhängen und aus dem Weg räumen.

△ In hübschen Taschen, die nicht immer im Einsatz sind, können Sie ebenso gut Tücher, Kappen oder Handschuhe aufbewahren.

◁ Eine Hakenleiste, farblich abgesetzt, ist praktisch und wirkt einladend. Auf einem umlaufenden Regalband auf Höhe der Türabschlüsse sind Kartons gut aufgehoben.

SCHLÜSSELDIENST Hat jemand meinen Schlüssel gesehen? Das könnte die am häufigsten gestellte Frage in Haushalten sein. Schlüsselhaken oder Borde als Sammelstelle gibt es in den unterschiedlichsten Ausführungen.

AHNENGALERIE Mit schönen Fotos der Familienbande bekommt der Eingangsbereich etwas sehr Persönliches.

NOTIZEN Mit einem Memoboard, für Wochentage oder die einzelnen Familienmitglieder, lassen sich Unternehmungen gut organisieren.

BLUMENEMPFANG Frische Blumen sind ein hübscher Empfang für Gäste und für einen selbst. Außerdem verbreiten sie einen guten Duft, wenn man die Wohnung betritt.

SPIEGEL Ein großer Spiegel vergrößert optisch den Raum – für einen kurzen Outfit-Check vor dem Verlassen der Wohnung unverzichtbar.

Einrichtung und Deko

Hier wohnen harmlose Trophäenjäger.
Dieser Plüsch-Elch empfängt Familie und Gäste.

Beleuchtung

EINSCHLAFHILFE Gerade kleine Kinder schlafen lieber bei offener Tür ein und mögen es gern, wenn zum Einschlafen ein wenig Licht brennt. Das könnte eine Tischleuchte auf dem Sideboard sein, die auch sonst sehr einladend wirkt.

DIMMER Zu diesem Zweck ist eine dimmbare Lichtquelle praktisch. Das schummrige Licht dient außerdem nachts zur Orientierung der Kleinen und verhindert Stolpern beim nächtlichen Klogang.

ABSTAND Faustregel: Pendelleuchten etwa alle drei Meter von der Decke runterhängen lassen.

GLASVASE

Als Auffangbehälter für unerledigte Post können Sie eine große Glasvase zweckentfremden. Das sieht gut aus und man behält den Überblick.

△ Mit persönlichen Möbeln, Haken, die gut erreichbar und Behältern, die groß genug sind, macht es den Kindern sogar Spaß, Ordnung zu halten.

◁ Im Copyshop wurden die Fotos der Kinder auf Stoff kopiert. Daraus sind schnell Beutel genäht, in denen Handschuhe und Mützen Platz haben.

Treffpunkt Wohnzimmer

Hier schlägt es – das Herz jedes Zuhauses. Das Wohnzimmer ist neben der Küche das Zentrum der Wohnung und der Treffpunkt der Familie. Hier verbringt die Familie die meiste Zeit miteinander. Hier wird gespielt, gelacht, gemalt, getobt, ferngesehen, gefaulenzt. Hier verlebt die Familie Regentage und Winterabende mit Geschichten. Hier wird Ostern und Weihnachten gefeiert, hier ist die Familie zusammen.

Die kleinen Nesthocker spielen am liebsten auf dem Boden. Ein großer Teppich macht es wohnlich und gemütlich.

Elternzeit

In den meisten Wohnungen ist das Wohnzimmer aber nicht nur der Gemeinschaftsraum schlechthin. Es ist der Ort, an den sich die Eltern zurückziehen, wenn das Familienleben mit dem Ins-Bett-bringen der Kinder beendet ist und Mama und Papa wieder mit Vornamen angesprochen werden. Denn auch Eltern brauchen ihr eigenes Reich, in dem nicht Spielzeugautos und Malbücher das Chaos regieren. Sie sehnen sich – wirklich nur einen Bruchteil des Tages – nach klaren Strukturen, Ordnung und Ruhe. Im Wohnzimmer wollen die Eltern aber nicht nur für sich sein, hier wollen sie auch Freunde empfangen. Ein Wohnzimmer muss deshalb so eingerichtet sein, dass man sich Gäste nach Hause holen kann, die auch gern kommen und sich wohlfühlen. Noch ein Grund mehr also, nicht das Durcheinander walten zu lassen. Denn wirklich nur den allerengsten Freunden darf man mal zumuten, sich seinen Platz aus Keksresten und Barbiespielen freizuschaufeln.

Spielregeln

Es gibt Eltern, denen ihr eigenes Reich und ein ansprechender Wohnstil nicht so wichtig sind. Die aber, die sich in einem aufgeräumten und eleganten Rundherum wohlfühlen, sich diesen auch erhalten möchten und sich ihre stilvolle Art zu wohnen nicht nach und nach vom Nachwuchs untergraben lassen wollen, sollten sich eine klare Wohnstruktur schaffen und deutliche Regeln aufstellen. Das bedeutete nicht, dass im Wohnzimmer Spielverbot ausgesprochen wird. Das wäre wirklich schlimm. Es bedeutet nur, Ihren Kindern klarzumachen, dass es in der Wohnung Bereiche gibt, die Ihnen wichtig und für wilde Tobereien tabu sind.

Tabu-Zonen

Wenn Sie zum Beispiel Ihre Vasensammlung weiterhin voller Stolz offen auf der Fensterbank präsentieren möchten, sollten die Kinder kein Hinderungsgrund dafür sein. Hier geht es um die besagten Spielregeln. Wenn Kinder wissen, wo ihre Tabu-Zonen sind, können sie sich schon ganz früh daran halten und ahmen sehr süß den erhobenen Zeigefinger der Mama nach. Auch den Plattenspieler müssen Sie nicht auf die oberste Etage des Regals verbannen. Bei klaren Ansagen akzeptieren Kinder diese Bereiche und lassen Vasen und Plattenspieler heil.

Je klarer Ihre Wohnstruktur, desto schneller können Sie entstandenes Chaos in den Griff bekommen. Entscheiden Sie sich für wenige Möbel, die gut funktionieren. Das spart Platz, sorgt für Ordnung und eine luftigere Atmosphäre. Das ist zum Beispiel ein Sofa, auf dem die ganze Familie kuscheln kann, auf das aber auch ein Elterteil ausweicht, wenn ein krankes Kind ins große Bett schlüpft. Anstatt mehrerer kleiner Schränke schaffen Sie sich ein großes Regal an, in dem Spiele, Bücher, CDs und Kisten mit Spielsachen gut untergebracht sind.

Bei einer reduzierten Einrichtung kommen auch Lieblingsstücke besser zu Geltung: ein schönes Bild, der geerbte Sekretär oder die kleine Skulptur, die ein Hochzeitsgeschenk war.

Möbel und Materialien

Kinder zu haben heißt nicht, auf eine elegante Einrichtung zu verzichten. Man sollte sich nur etwas genauer mit Materialien, Funktionalität von Möbeln und deren Reinigungsmöglichkeiten beschäftigen.

Die Kinder wissen schnell, dass sie mit den Lieblingsstücken der Eltern vorsichtig umgehen müssen.

SCHLAUE MATERIALIEN Design hin oder her – je praktischer, schmutzabweisender und reinigungsfreundlicher die Einrichtung ist, umso entspannter geht man auch mal mit Schokomündern und Schmutzfingern um. Das strapaziert den Alltag nicht so sehr und schont letztendlich Ihre Nerven.

HELLE BEZÜGE Sie lieben weiße Sofas? Dann achten Sie darauf, dass der Bezug abnehmbar und waschbar ist. Glattes Leder eignet sich übrigens auch hervorragend für Haushalte mit Kindern. Mit einem feuchten Tuch ist es leicht zu reinigen.

WECHSELGARDEROBE Eine lohnende Investition ist es, sich vom Polsterer eine zweite Husse für Sofa oder Sessel nähen zu lassen, die auch in die Waschmaschine kann. Das gestaltet das Sauberhalten einfacher. Für manche Sofas gibt es bereits fertige Bezüge zu kaufen.

TEPPICH Auch ein weißer Teppich ist kein No-Go. Informieren Sie sich genau über die Reinigungsmöglichkeiten. Alle Arten an Reinigungsmitteln hat man mit Kindern ohnehin im Haushalt. Wenn auch unter Verschluss.

MUSTERTRICK Gemusterte Bezüge machen aus einem Sessel nicht nur ein besonderes Stück, sie sind auch sehr kinderfreundlich. Ein buntes Karomuster verzeiht schneller einen Saftfleck als ein einfarbiger Bezug – er fällt einfach weniger auf.

GEFAHRENQUELLEN Den ach-so-stylischen Couchtisch aus Glas mit seinen scharfen Kanten und Ecken sollten Sie aber tatsächlich für kurze Zeit auf dem Dachboden parken. Bei Kindern, die noch sehr wackelig auf den Beinen sind, ist die Gefahr zu groß, dass sie doch mal Richtung Tisch stürzen. Und das wollen Sie sicher nicht riskieren. Es gibt hübsche runde Tische, die ungefährlicher sind und für diese Zeit das schicke Glasteil ablösen können.

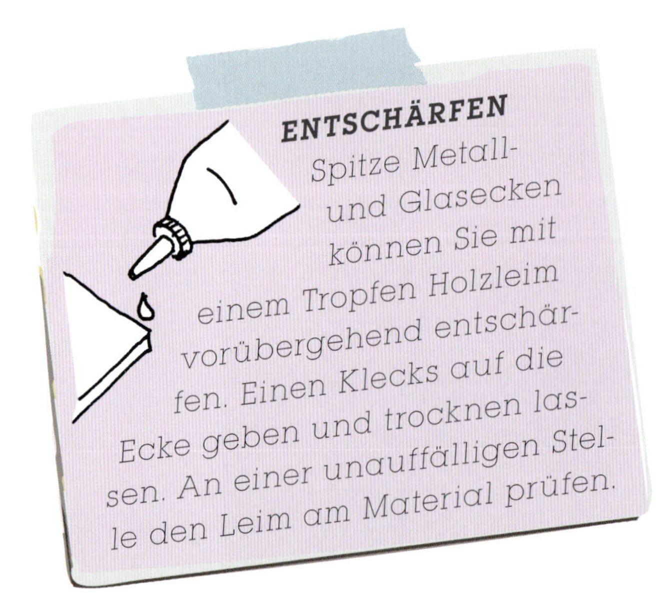

Farbigkeit

HELLE BASIS Je heller die Wände gestrichen sind, umso klarer und einladender wirkt der Raum. Wenn ohnehin oft genug buntes Spielzeug rumliegt und die Kunstwerke der Kleinen einzelne Wandabschnitte zieren, strahlt Weiß als neutrale Basis Ruhe aus.

POPPIG Knallige Farben sind nur wirklich schön, wenn sie wohldosiert sind. Je intensiver ein Farbton ist, umso vorsichtiger sollte er verwendet werden.

MITSPIELER Wenn Sie sich für einen knalligen Ton an der Wand entscheiden, dann heben Sie einzelne Accessoires wie beispielsweise Kissen oder Kerzen im gleichen Farbton hervor. Das schafft Harmonie und Ruhe.

NEUTRALE BASIS Es ist sinnvoll, die großen Möbel wie Sofa, Sessel, Regal usw. in neutralen Farben wie Weiß, Beige, Grau, vielleicht auch Braun zu wählen. Farbliche Akzente lieber mit kleineren, weniger kostspieligen Einrichtungsgegenständen wie Kissen, Vorhang, Teppich setzen.

Farbtupfer setzen Sie am einfachsten mit bunten Textilien.

NOTRATION FARBE Welchen Anstrich Sie auch Ihren Wänden verpassen, füllen Sie einen Teil der Farbe in ein Einmachglas und heben Sie es auf. Dann können Sie bei Kritzeleien oder Schokohänden einfach drübermalen.

Beleuchtung

DOPPELLICHT Mehrere Leuchten erhöhen den Gemütlichkeitsfaktor. Zum Entspannen, beim Wein trinken und wenn man Freunde zu Gast hat, sind verschiedene Lichtquellen angenehmer.

Stauraum

WANDSCHRANK Lassen Sie sich von einem Schreiner beraten und ein Angebot machen. In einer Schrankwand bis zur Decke, die geschlossene und offene Fächer hat, lässt sich alles unterbringen. Hinter den Türen darf es auch mal unordentlich sein – und im Zimmer selbst sieht's aufgeräumt aus.

ZAUBERKISTE In kleinen Hockern, Minibänken mit Innenleben oder schlichten Holzkisten findet das Spielzeug Platz und kann nach dem Spielen schnell wieder dahin zurückverschwinden.

SIDEBOARD Auch in schlichten Sideboards können Sie viel unterbringen. Nutzen Sie aber die Platte nicht als ständige Ablagefläche für alles und jedes. Den Platz sollten Sie für eine hübsch arrangierte Deko reservieren oder ganz frei halten.

Ein schlaues Ordnungssystem sorgt für mehr Zeit, die Sie sinnvoll mit den Kindern verbringen können.

Einrichtung und Deko

NUMMER EINS Ein Sofa ist einfach bequem, um sich auszuruhen, um den Kindern vorzulesen. Und die Kinder lieben Sofas als Hüpfburg-Alternative.

ZUTATEN Romane, Bildbände, Spiele, Vasen, Mitbringsel, Fotoalben, Instrumente – das macht ein Wohnzimmer erst gemütlich. Und dafür ist genügend Stauraum wichtig.

SPIELWIESE Kinder spielen am liebsten auf dem Boden. Ein Teppich vor dem Sofa ist besonders wohnlich und macht das Spielen in der unteren Etage angenehmer.

ABLAGE Ein kleiner Couchtisch ist praktisch, um zu spielen, Zeitschriften zu stapeln und etwas abzustellen. Sie müssen ja nicht komplett den Kindern nacheifern und Ihr Leben auf den Dielenboden verlagern.

MOODBORD Fotos, Gegenstände, die uns an etwas erinnern und zeigen, was wir mögen, kleine Geschenke und Vasen sollten gebührend präsentiert werden. Ein schönes Bord in Augenhöhe, dann muss man die Dinge nicht vor den Kindern schützen, oder auch eine Fensterbank ist eine gute Fläche für die persönlichen Erinnerungen.

KUNST Manchmal kann es ein Leben dauern, bis man das richtige Bild über dem Sofa findet. So lange müssen Sie ja nicht warten. Aber nehmen Sie in diesem wichtigen Raum nicht mit halbherzig ausgewählten Bildern Vorlieb. Warten Sie lieber noch eine Weile. Es kommt irgendwann zu Ihnen.

Lieblingsstücke wie ein schönes Klavier, ein alter Sekretär oder ein markantes Bild bringen Charakter in die Wohnung.

1. Ist man als Chefredakteurin eines Wohnmagazins eigentlich ständig versucht, den neuesten Wohntrends nachzugehen?

Klar gefallen mir viele Möbel, die wir in Living at Home vorstellen. Man ist ja auch ständig mit schönen Dingen konfrontiert. Irgendwann entscheidet man sich aber für einen Stil, den man mag und der zu einem passt. Mir ist es wichtig, dass es warm und gemütlich ist. Anfällig bin ich aber in kleinen Dingen. Ein schönes Kissen, eine tolle Schale – dann kauf ich mir auch mal wieder eine Vase, obwohl der Schrank eigentlich voll davon ist.

2. Wann und wo trifft sich die ganze Familie?

An unserem kleinen Tresentisch in der Küche. Da frühstücken wir morgens zusammen und essen dort auch zu Abend.

3. Ihre Kinder sind 9 und 12 Jahre alt. Inwiefern mischen sich die beiden in die Einrichtung der Wohnung ein?

Sie mischen sich insofern in die Einrichtung ein, indem sie einfach immer und überall alles stehen und liegen lassen. Sie betrachten die ganze Wohnung als ihr eigen. In den Stil mischen sie sich eigentlich nicht ein, obwohl mein Sohn neulich schon angedeutet hat, dass er an Weihnachten nicht mehr diese „kindische Babydekoration" haben möchte. Die soll ich das nächste Mal in der Schublade lassen.

4. Und anders herum – dürfen Sie, was die Einrichtung des Kinderzimmers anbelangt, überhaupt noch mitreden?

Wenn es ums Umgestalten ihrer Zimmer geht, schätzen sie tatsächlich noch meine Unterstützung. Ich bringe dann irgendwelche Ideen aus der Redaktion mit oder Ausrisse aus Zeitschriften und frage sie, wie sie das finden. Dann wird darüber diskutiert.

5. Haben Sie ein persönliches Geheimnis, Kinder Familie und einen solchen Job unter einen Hut zu bekommen?

Damit alles klappt braucht man eine gute Organisation und Menschen um sich herum, die zuverlässig und liebevoll helfen, wenn es mal brennt.

6. Wände streichen, Kommode lacken – beschäftigen Sie sich selbst auch gern mit kleinen Handwerksarbeiten oder geben Sie diese Arbeit lieber ab?

Mal einen alten Stuhl hübsch machen, abschleifen, neu lackieren – das mache ich schon. Um aufwändigere Sachen anzugehen, fehlt mir einfach die Zeit und das können andere dann auch einfach besser.

7. Was ist Ihnen in Ihrer Wohnung heilig und für die Kinder tabu?

Als meine Tochter noch kleiner war, hat sie mit Vorliebe den Geschirrschrank ausgeräumt. Da ging einiges zu Bruch, das durfte sie dann irgendwann nicht mehr. Mit den CDs durften sie auch nicht spielen. Aber jetzt sind beide vernünftiger und gehen mit den Dingen, die mir wichtig sind, vorsichtig um.

8. Wie bringt man den Nachwuchs dazu, das Kinderzimmer aufzuräumen? Ihre Methode?

Ein nerviges Thema. Wenn es um das Aufräumen geht, bin ich streng und konsequent und lasse auch nicht mit mir diskutieren. Wenn gar nichts mehr hilft, gibt es auch kleine Erpressungsmethoden. „Keine Simpsons, bevor das Zimmer nicht sauber ist." Gern landet dann aber auch mal alles nur im Schrank.

9. Was sollte Ihnen unter keinen Umständen ins Haus kommen, ist jetzt aber doch da, weil die Kinder es so wollten?

Eine Wii. Damit habe ich zwischenzeitlich auch schon Golf gespielt.

10. Was tun Sie am liebsten in Ihrer Freizeit, wenn mal kein Kind und kein Redakteur in der Nähe sind?

Auf dem Balkon sitzen und lesen. Mit einer Schokolade nur für mich. Sonst muss ich alles Süße immer teilen.

10 FRAGEN AN
Jenny Levié
Chefredakteurin von „Living at home“

Coole Küche

Eigentlich war es schon früher so: Die besten Partys fanden in der Küche statt und die gesellige Runde löste sich im frühen Morgengrauen nur schwer auf. Die Küche oder Wohnküche wird in unserem Familienleben immer wichtiger. Während früher die Dame des Hauses in die Küche geschickt wurde, um das Essen möglichst geräuschlos zu zaubern, gehört heute das Kochen in großer Runde genauso dazu wie das Essen. Gäste und Familie werden in die Zubereitung mit eingeschlossen und machen sich gern nützlich. Die Küche hat als Hausfrauen-Getto weitgehend ausgedient und die reine Kochzelle gibt es nur noch selten. Es ist schick, die neuesten Küchenwerkzeuge zu präsentieren, und es gehört zum guten Ton, die High-End-Espressomaschine zum Zischen zu bringen. Das macht auch gern der Herr des Hauses höchstpersönlich.

Die Küche ist in vielen Familien der Wohnungsmittelpunkt. Hier steht ein großer Tisch, an dem viele Menschen Platz finden. Hier beginnt die Familie den Tag mit einem gemein-

Vorbei ist die Zeit der beengten Küchenzeile – offene Familien lieben offene Küchen. Und Köche lassen sich gern von Kindern und Gästen beim Kochen auf die Finger gucken.

samen Frühstück, hier wird der Tag geplant und hier werden Einkaufszettel geschrieben. Die Kinder machen nach der Schule am Tisch die Hausaufgaben, während Mama oder Papa die Fischstäbchen in die Pfanne wirft. Schön ist es, bei einem Abendessen den Tag ausklingen zu lassen und Neuigkeiten und Geschichten auszutauschen.

Natürlich zählt bei einer Küche nicht nur die Gemütlichkeit. Denn bei all der Küchenrevolution, von der Kochzelle zum Wohnraum, soll die Küche besser denn je auch funktionieren. Herd, Ofen, eine Spüle, Kühlschrank, Spülmaschine, Kaffeemaschine – das ist nur die Grundausstattung, die unterzubringen ist. Lagermöglichkeiten braucht es für Lebensmittel und Getränke, Besteck, Geschirr, Töpfe, Küchenutensilien, die immer griffbereit sein müssen. Die Küche soll vielen Anforderungen gerecht werden.

Ob Sie eine neue Küche planen oder Ihre alte überdenken – das Wichtigste ist, dass sie gut funktioniert und genau zu Ihren persönlichen Anforderungen und Abläufen passt.

△ Die Küche ist schon lange keine geflieste Kochzelle mehr. Wohnliche Accessoires wie dieses Wandtattoo machen den Funktionsbereich wohnlich.

◁ Mit Tafellack können Sie ganze Wände zu einem XXL-Einkaufszettel machen. Fehlende Lebensmittel können so direkt vor Ort notiert werden.

Kindersichere Küche

Eine Küche zieht Kinder magisch an. Einerseits sind sie, vor allem die kleineren, einfach gern bei ihren Bezugspersonen, andererseits ist hier auch alles so interessant. Schon die ganz Kleinen spielen unermüdlich mit dem Schneebesen und knabbern auf ungekochten Nudeln herum. Sie gucken sich alles ab, unterwandern schnell mit Schürze und Minitopfset das Küchenterrain und eifern all den Lafers und Polettos nach. Wenn der Nachwuchs dann noch den köstlichen Kuchenteig von den Rührstäben ablecken kann, gibt es einfach keinen besseren Ort zum Spielen.

Doch so schön und spannend die Küche ist – für die Kleinen kann das Herumwuseln zwischen Mamas Beinen, die vielleicht gerade die Nudeln abgießt, auch schlimme Folgen haben.

Deshalb:

KINDERECKE Wenn Ihr Kind Ihnen beim Kochen nacheifern möchte, richten Sie ihm doch eine Miniküche in einer Ecke ein, die vom wirklich heißen Herd weit genug entfernt ist.

HERDBLENDE Wenn Sie auf Nummer sicher gehen wollen, schadet es nicht, die Herdplatten mit einer Blende vor neugierigen Kinderhänden zu schützen. Andererseits lernen Kinder sehr schnell, dass es dort heiß und gefährlich ist.

KLINGE Scharfe Messer unerreichbar und sicher vor den Kindern aufbewahren.

KOCHGEWOHNHEITEN Gewöhnen Sie sich an, immer auf den hinteren Platten zuerst zu kochen. Topfgriffe und Pfannenstiele nie über den Herd ragen lassen.

ALLES ZU Schränke verschließen: Die handelsüblichen Schranksperren sind sinnvoll für Putzschränke. Schränke mit Lebensmitteln können Sie auch zu Tabu-Zonen erklären.

PAPPHERD Aus einem kleinen Umzugskarton ist schnell ein Miniherd gebastelt. Die Herdplatten sind aus schwarzem Tonpapier, die Schalter aus Schubladenknöpfen.

Farbigkeit und Materialien

SOLIDE BASIS Wenn Sie es etwas bunter bevorzugen, dann überlegen Sie sich gründlich, ob Ihnen der Farbton der Küchenfronten auch in fünf Jahren noch zusagt. Wenn Ihnen Weiß zu langweilig ist, dann gibt es immer noch die Möglichkeit, sich die Wand farbig zu gestalten. Wenn Sie dann in ein paar Jahren das Knallgrün der Wand nicht mehr sehen können, überstreichen Sie es einfach. Die Fronten nach dieser Zeit auszuwechseln ist eine aufwändigere Angelegenheit.

ACCESSOIRES Je neutraler die Fronten in Ihrer Küche sind, umso länger wird Ihnen die Küche gefallen. Auch hier gilt: Akzente in kleineren Dingen setzen: ein großes Bild, bunte Schüsseln, farbige Geschirrhandtücher.

PFLEGELEICHT Glastische in der Küche sind vielleicht ganz schick, aber schwer sauber zu halten. Holz oder eine beschichtete Platte eignet sich besser.

◁ Schalenstühle aus Kunststoff oder lackiertem Holz sind leichter sauber zu halten als Stühle mit gepolsterten Stoffbezügen.

▷ Gekonnter Einsatz von Farbe – das markante Rot der Wand findet sich auch auf der Wachstischdecke wieder.

Anleitungen zum Selberbauen von Kinderküchen oder Kaufläden gibt's auf www.SoLebIch.de/Unser-Nest

Stauraum

GRIFFBEREIT Die Dinge für den täglichen Gebrauch sollten optimal platziert und mit einem Handgriff zu erreichen sein. Die Gussform, die Sie zweimal im Jahr benutzen, im Schrank ganz oben lagern.

KINDERNIVEAU Platzieren Sie Dinge, die die Kinder benutzen (Kindergeschirr, Gläser, Besteck usw.), dort, wo sie sich diese problemlos selbst holen können.

MÜLL Der Mülleimer sollte benutzbar sein, auch wenn man beide Hände voll hat. Und für Kinder schwer zu erreichen. Optimal ist ein Eimer mit Trittöffner oder integriert in die Küchenzeile.

SCHRANKLEICHEN Durchforsten Sie Ihre Schränke und bergen Sie Elektroleichen. Wenn Sie den Sandwich-Toaster oder den Tischgrill schon ein Jahr nicht mehr verwendet haben, verschenken oder verkaufen Sie ihn auf dem Flohmarkt.

WASSERTEST Die meisten Wasserwerke führen kostenlos einen Trinkwassertest durch. Ist der Befund Ihrer eingereichten Probe unbedenklich und schmeckt Ihnen Ihr Wasser, sparen Sie sich das Schleppen schwerer Getränkekisten.

10 FRAGEN AN Stefan Marquard

Sternekoch

1. Bitte, Herr Marquard, gibt es ein Gericht, das gesund ist und Kindern schmeckt?

   Reiberdatschi mit selbst gemachtem Apfelkompott. In die Reiberdatschi kann man hervorragend auch andere Gemüse reinmogeln, wie Kohlrabi, Zwiebeln und Co.

2. Brauchen Kinder Tischmanieren?

   Wohlfühlen und Kommunikation beim Essen sind mir wichtiger, als auf die Einhaltung der Manieren zu pochen. Wenn man Kindern Grundregeln vernünftig erklärt, verstehen sie dies auch und können sie einhalten.

3. Was gibt es bei Ihnen bei Kindergeburtstagen?

   Wunschpizza: Jedes Kind darf sich seine Pizzaecke so belegen, wie es mag. Wir achten dabei auf Bio-Produkte, und bei uns gibt es Dinkel- anstatt Weizenmehl.

4. Was ist Ihr ganzer Stolz in Ihrer Wohnung?

   Unsere neuen bequemen Stühle am Esstisch, denn seit wir diese haben, bleiben wir länger nach dem Essen sitzen und verbringen viel mehr Zeit mit Reden.

5. Wie würden Sie Ihren Wohnstil beschreiben?

   Gemütliches Wohlfühl-Chaos.

6. War der schon immer so oder hat das auch was mit Ihren Kindern zu tun?

   Die Kinder haben sich ganz gut in unser Wohlfühl-Chaos eingelebt.

7. Wenn Gäste kommen – sind Sie ein lässiger Gastgeber oder ein perfekter Koch? Oder beides?

   Eher beides, beim Kochen perfekt und bei Gastlichkeit lässig und unkompliziert.

8. Wann finden Sie es besonders schwer, Arbeit und Familie unter einen Hut zu bekommen?

   Wenn ich in der Familie gebraucht werde, sowohl für erfreuliche als auch weniger erfreuliche Dinge, und nicht da sein kann.

9. Was ist das Lieblingsgericht Ihrer Kinder?

   Fingernudeln. Ein niederbayrisches Kartoffelgericht, das meine Frau um Klassen besser kocht als ich.

10. Haben Sie eine Empfehlung zum Thema kindersichere Küche für uns?

    Man sollte die Kinder nicht unbeaufsichtigt in der Küche werkeln lassen und ihnen den Umgang mit Messern, heißen Töpfen usw. je nach Alter genau erklären und zeigen.

Sackgesichter

Pfannkuchen:

1 Becher	Orangen-, Apfel-, Multivitamin- oder jeden anderen Lieblingssaft
3	Eier
3 Esslöffel	Mehl
1 Esslöffel	Rapsöl

Füllung:

2 Becher	Erdbeeren
½ Esslöffel	Honig

etwas Zitronensaft

Soße:

½ Becher	Quark oder Magerjoghurt (1,5 % Fett)

Saft und Schale von 1 unbehandelten Zitrone
Honig zum Süßen
etwas Orangensaft zum Verdünnen

Dekoration:

8 x 30 cm	Geschenkband zum Zusammenbinden der Pfannkuchen
8	Minzblätter für die Indianderfedern

Den Saft, die Eiern und das Mehl verrühren wir zu einem glatten Teig. Wir pinseln die Pfannkuchenpfanne mit etwas Pflanzenöl aus und gießen so viel Teig in die Pfanne, dass er den Boden hauchdünn bedeckt. Wenn die eine Seite des Pfannkuchens gebacken, aber noch nicht braun ist, den Pfannkuchen wenden und die andere Seite ebenfalls möglichst farblos backen. Danach den Pfannkuchen auf einen großen Teller gleiten lassen. – Wir brauchen insgesamt 8 Pfannkuchen.

Als Füllung kann man natürlich alles verwenden, was man mag – in unserem Fall Erdbeeren. Diese haben wir, nachdem die grünen Blätter oben herausgetrennt wurden, klein geschnitten, mit etwas Honig und einem Spritzer Zitronensaft angemacht und in die Mitte des Pfannkuchens gegeben. Dann klappen wir den Pfannkuchen an allen Seiten nach oben und binden ihn mit dem Geschenkband zusammen.

Für die Soße vermengen wir Quark oder Joghurt mit etwas Zitronensaft, der abgeriebenen Schale der Zitrone, Honig zum Süßen und etwas Orangensaft zum Verdünnen zu einer glatten Soße.

Jetzt malen wir dem Sack noch ein Gesicht auf. Einen kleinen Teil der Soße füllen wir in eine Plätzchen-Spritztüte und können nun direkt auf den Pfannkuchen-Sack ein Gesicht aufspritzen.

Als Indianerfeder haben wir einfach ein Minzblatt in das Säckchen reingesteckt.

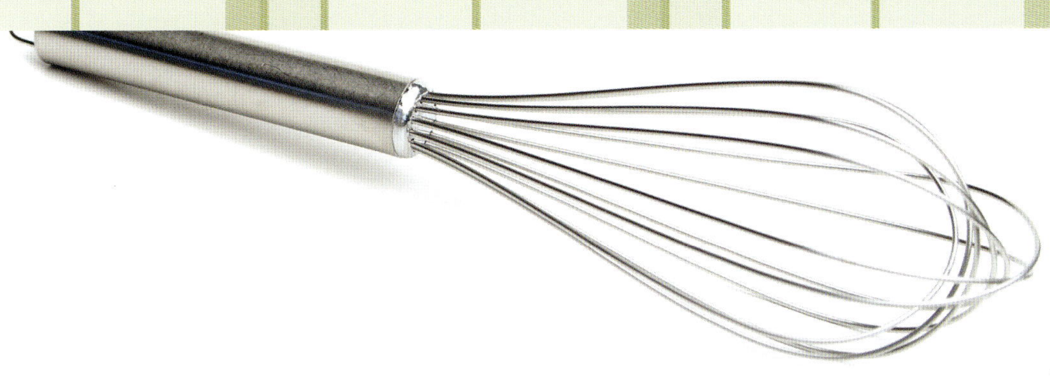

Wasser spiele

Ja, das liebe Bad! Solange die Kinder klein sind, hält sich der Streit um den Logenplatz vor dem Spiegel ja noch im Rahmen. Aber spätestens wenn die Mädchen mit Wimperntusche und Lippenstift der Mama herumexperimentieren und die Jungs Papas Rasierer und Aftershave entdecken, geht sie los – die Drängelei im Schönheitssalon. Da kann es passieren, dass der Familiensegen schon am frühen Morgen direkt nach dem Aufstehen schief hängt, weil Teenager, wenn es um die Schönheit und Pflege geht, gern mal die Zeit vergessen.

Wer also die Wahl hat: Zwei Badezimmer, ein großes mit Badewanne und ein kleines mit Dusche, sind gerade in größeren Familien eine Überlegung wert. Man spart sich da den einen oder anderen Familienstreit.

In den einzelnen Fächern, die durch das Anbringen einfacher Holzleisten enstehen, können Sie Ihre maritimen Fundstücke präsentieren.

Hier hat alles seinen Platz. In die kleinen Schranktüren sind Fotos der Kinder eingelassen, die sagen: Das ist meins!

Unser Wellness-Tempelchen

PERSÖNLICH Jedes Familienmitglied sollte nicht nur seinen eigenen Handtuchhaken haben. Am besten, man richtet von vornherein jedem ein Kästchen, eine Schublade oder ein Regalfach ein, wo es seine persönlichen Dinge horten kann.

Jedes Kind sollte möglichst ohne zu kippeln bequem das Waschbecken erreichen.

Verschnaufpause für den geschafften grünen Mitschwimmer.

STUFE Eine Bank oder einen Schemel, damit die Kinder auch allein den Wasserhahn aufdrehen können. Ein extra angefertigtes Podest ist allerdings standfester und großzügiger.

HANDTÜCHER Befreien Sie sich von einem zusammengewürfelten Handtuch-Mix, der zum Teil schon altersbedingt durchscheinend ist. Einheitliche Handtücher beruhigen den Raum optisch. Weiße Handtücher sind zwar am Anfang wunderschön, bekommen jedoch schnell einen Grauschleier, der nur schwer zu vermeiden ist.

STUNDENPLAN Mit den Halbwüchsigen macht es Sinn, einen Badplan zu erstellen, um die ewige Drängelei zu den Hoch-Zeiten zu vermeiden. Da muss sich natürlich jeder verbindlich dran halten.

DOPPELPACK Wenn es darum geht, neue Waschbecken anzuschaffen, entscheiden Sie sich für zwei kleinere statt ein großes.

FARBIGE ACCESSOIRES Mit Duschvorhängen, Handtüchern und Behälter bekommen Sie Farbe in Ihr Bad. Je kleiner das Bad ist, desto weniger bunt sollte es sein, sonst wirkt es schnell zu unruhig.

AUFFANGSTATION Blumentopfhalter für den Balkon nach innen an den Badewannenrand hängen. Quietschente und Spielzeug können so gut abtropfen.

Grüne Oase

Tür auf – Kinder raus. Ein Garten, fällt er auch noch so klein aus, ist eine Bereicherung für jede Familie. Die Schmetterlinge im Blumenbeet, das Eichhörnchen im Baum, die selbst gezüchteten Tomaten, die sogar aus den Kleinsten Salatesser machen. Der selbstverständliche Kontakt zur Natur, aber auch das Toben, Spielen, Matschen und das Draußensein bei Wind und Wetter gehören einfach zu einer Kindheit. Schön und praktisch ist für die Eltern außerdem, dass sie den Gang nach draußen nicht immer direkt begleiten müssen.

Aber nicht nur für die Kinder ist es ein kleines Paradies. Auch Erwachsene kommen auf dem kleinen Stück Grün auf ihre Kosten: Gartenarbeit als Anti-Stress-Programm. Und damit die Arbeit nicht überhand nimmt und die Genussstunden überwiegen, sollte selbst ein kleiner Garten gut geplant sein. Denn auch beim Garten gilt, ähnlich wie bei der Einrichtung: Je pflegeleichter die Pflanzen, umso entspannter

Investieren Sie ruhig in Immobilien – aus diesem Kinderholzhaus sind die Kinder am Ende des Tages gar nicht mehr herauszubekommen.

die Nutzung und größer der Genussfaktor. Je hochgezüchteter beispielsweise eine Pflanze ist, umso komplizierter ihre Pflege und empfindlicher für Schädlinge. Außerdem sollte man die Pflanzen in den Blumenbeeten so auswählen, dass sie schnell den Boden bedecken und man von Jahr zu Jahr an weniger Stellen Unkraut zupfen muss oder das Unkraut einfach nicht so auffällt.

In so einem Garten können auch schon kleine Autobegeisterte Gas geben.

Rasen

Ein großer Rasen ist nicht nur für die Kinder eine wunderbare Spielfläche. Er ist auch einfach zu pflegen. Je nach Monat muss man ihn alle zwei bis drei Wochen mähen. Legen Sie sich einen Rasenmäher mit Fangkorb zu, dann ist selbst ein großes Stück schnell gemäht. Sportrasen ist besonders strapazierfähig und hält selbst wilde Fußball-Bolzereien aus.

Blumen

SONNENBLUMEN Ein absolutes Muss sind Sonnenblumen. Den Sonnenblumenkern kann jedes Kind aussäen und den kleinen Trieb bis zur gestandenen Sonnenblume gießen und pflegen und später auch noch zusehen, wie die Vögel daran picken.

WIESENBLUMEN Hübsch ist es, in einer runden Fläche im Rasen Samen von bunten Wiesenblumen auszustreuen.

SCHMUCKKÄSTCHEN Die Kosmeen sind leicht auszusäen und vermehren sich dann jedes Jahr aufs Neue ganz von allein. Sie sehen hübsch im Garten, aber auch in der Vase aus. Sie sind weiß, rosa oder pink und sogar essbar.

WICKEN Die Wicken mit ihren großen Samen können einfach von den Kindern gesät und gepflegt werden.

LAVENDEL Er breitet sich schnell aus, sodass kein Unkraut mehr durchkommt, duftet wunderbar und lockt Hummeln an.

Gemüse

ZUCCHINI Zwei oder drei Zucchinipflanzen auf dem Markt kaufen und jedem Pflänzchen viel Platz lassen. Zucchinis wachsen sehr schnell, sind lecker, gesund und äußerst pflegeleicht.

KÜRBIS Der Kürbis gehört wie die Zucchini zu den Gurkengewächsen und wächst ohne viel Pflege. Die orangenen Kürbisse lassen sich im Herbst für Kürbissuppe verwerten. Und an Halloween kann man die Terrasse mit gruseligen Kürbisköpfen beleuchten.

MÖHREN Am besten Saatband kaufen. Damit sät man das Gemüse in einer Linie an und spart sich später das Ausdünnen.

KAPUZINERKRESSE Auch Kapuzinerkresse ist mit großen Samen einfach zu säen. Die hübschen Blüten sind essbar, leicht scharf und nussig im Geschmack.

Mal eine etwas andere Bewirtschaftung: Mit einer alten Leiter werden hier die einzelnen Beete unterteilt.

Obst

ÄPFEL UND BIRNEN Das Herbst-Highlight ist die Ernte der eigenen Äpfel, Kirschen oder Pflaumen, die zudem echt-bio und besonders lecker sind. Und an so einem Apfel- oder Kirschbaum lässt es sich auch wunderbar klettern. Aber selbst wenn Ihr Garten etwas kleiner ist und Obstbäume zu viel Platz benötigen – es gibt jede Menge Obst-Alternativen.

JOHANNISBEEREN Die kleinen schwarzen, weißen oder roten Beeren wandern vom Strauch direkt in den Mund. Sie sind pflegeleicht – und ein wunderbarer Kuchenbelag.

ERDBEEREN Besonders lecker und relativ neu auf dem Markt sind Monatserdbeeren. Diese Sorte kann man einfach im Topf lassen, was sie besser vor Schnecken schützt. Und das Tolle daran: Sie tragen den ganzen Sommer sehr aromatische kleine Früchte, die sich die Kinder selber pflücken können.

STACHELBEEREN Kinder mögen besonders die süßlichen Züchtungen. Wählen Sie eine Art, deren Äste möglichst ohne Stacheln sind.

Grüne Däumchen hoch! Bei der Gartenarbeit packen auch kleine Gärtner gern mit an.

Giftige Pflanzen

Fingerhut, Eisenhut, Goldregen oder die Eibe mit ihren lockenden Beeren sind ein absolutes No-Go in einem Garten, in dem kleine Kinder toben. Beim Pflanzenkauf sich unbedingt schlaumachen, ob die Pflanze in irgendeiner Form giftig ist.

Schädlinge

Bei der Schädlingsbekämpfung nicht nur wegen der Kinder auf chemische Keulen verzichten, denn bei vielen Schädlingen wie Läusen kann man wiederum andere Insekten, zum Beispiel Marienkäfer und ihre Larven als Gegenmittel nutzen.

Wasser

Auch wenn fast alle Kinder das Wasser lieben – auf einen Teich oder einen Brunnen sollte man in einem Garten mit kleinen Kindern verzichten, denn selbst wenn die tiefste Stelle nur 30 Zentimeter ist, kann das schon ein Risiko darstellen. Kois und Seerosen können noch ein paar Jahre warten, bis die Kinder größer sind. Im Kleinkindalter lieber die Kinder beaufsichtigt in einer Wanne spielen lassen.

KARTOFFELERNTE Kartoffeln lassen sich problemlos anbauen. Die letzten Bodenfröste abwarten und einfach ein paar Knollen Ihrer Lieblingssorte in die Erde legen.

Das lieben Kinder

SIMPEL Der heimische Garten muss wirklich nicht wie ein Spielplatz ausgestattet sein. Einfache Dinge machen erfinderisch und die Kinder basteln sich ihre Spielmöglichkeiten selbst.

SANDKASTEN Im Sandkasten sind Kinder auch bei schlechterem Wetter stundenlang beschäftigt. Im Sommer macht Wasser die Sandmulde zum Matschparadies.

HAUS Ob es das selbst gebaute Holzhäuschen ist, eine Papphütte oder ein Stoffzelt – Kinder spielen dort Rollenspiele und fühlen sich geschützt und unbeobachtet.

SCHAUKEL Auch wenn es nur ein alter Reifen ist, der vom Baum hängt: Kinder lieben es zu schaukeln. Und je abstrakter das Schaukelobjekt ist, umso mehr Fantasie entwickeln sie dazu.

HÄNGEMATTE Eine Hängematte eignet sich wunderbar für Papas Mittagsschläfchen. Teenager ziehen sich hierhin zum Lesen zurück.

Es gibt nichts Schöneres, als an heißen Tagen mit dem Wasserschlauch zu spielen.

Irgendwann brauchen wir alle mal eine ruhige Minute – eine Auszeit vom Familientrubel, um allein zu sein und zu uns zu finden.

Privatangelegenheiten

Nur weil Sie sich ab und zu nach Ruhe und ein paar kinderlosen Stunden sehnen, sind Sie noch lange keine Rabeneltern. Ganz natürlich, dass wir uns bei all dem Trubel in der Familie auch mal eine Auszeit wünschen. Einen Augenblick allein sein oder allein zu zweit. Lesen, Musik lauschen – weder Spielzeug sehen noch Kindergebrabbel hören. Und ähnlich geht es natürlich auch den Kindern. Sind sie klein, hängen sie uns am liebsten am Rockzipfel. Doch je größer sie werden, umso mehr Rückzugsmöglichkeiten brauchen auch sie.

Bei den Eltern ist es oft wirklich nur das Schlafzimmer, in das sie sich zurückziehen

können. Die Kinder haben ihr Kinderzimmer. Für beides gilt: Ist die Tür zu, bitte draußen bleiben.

Eine sinnvolle Aufteilung der Räume ist die Basis eines harmonischen Miteinanders. Im Laufe eines Familienlebens finden permanent Veränderungen statt. Die Kinder werden eingeschult, ein Elternteil arbeitet plötzlich von zu Hause aus und die Schwiegereltern kommen zu Besuch. Aber nicht ständig kann man mit einer neuen Raumaufteilung oder Einrichtung darauf reagieren. Analysieren Sie, wie viel Zeit jeder zu welcher Tageszeit wo verbringt. Bevor Sie an die Neuverteilung der Zimmer gehen, machen Sie sich genaue Gedanken über den Ist-Zustand und spielen Sie alle möglichen Situationen wie Zimmertauschen und Möbelverrücken durch. Macht für die nächsten Jahre ein Kinderzimmer-Schlafzimmer-Tausch Sinn? Findet das Home-Office auf dem Flur seinen Platz? Bei der neuen Zuteilung sollten sowohl die Quadratmeter, aber auch die Lichtverhältnisse eine Rolle spielen. Je flexibler und unkonventioneller Sie denken, umso interessantere und bessere Lösungen entstehen. Könnte der große Kleiderschrank nicht im Flur untergebracht werden und Sie haben dafür Platz für einen kleinen Schreibtisch im ruhigen Schlafzimmer geschaffen? Reichen Ihnen zum Schlafen die paar Quadratmeter des halben Zimmers, das ohnehin weitestgehend ungenutzt war, und Sie gewinnen dafür ein zweites Kinderzimmer?

Wichtig ist, dass jedes Familienmitglied Momente für sich hat – ob zum Toben und Spielen oder zum Ruhen und Entspannen.

Jeder sucht sich seine Ecke, in der er auch mal in Ruhe die Zeitung lesen und entspannen kann.

Schlaf zimmer

Nicht nur weil man fast ein Drittel des Lebens mit Schlafen verbringt, sollte das Schlafzimmer besonders auf die Bedürfnisse der Eltern abgestimmt sein. Für sie ist das Schlafzimmer oft die einzige Rückzugsmöglichkeit im familiären Zusammenleben. Dort wollen sie sich auch tagsüber mal entspannen, lesen und Kraft tanken.

Ist das Schlafzimmer großzügig geschnitten, hat sogar noch eine kleine Arbeitsecke Platz. Das Ankleidezimmer befindet sich in der mittleren Box.

Oft teilen sie sich diesen Raum, zumindest die ersten Lebensmonate, mit einem Säugling. Und ab und zu krabbelt eines der Kinder mitten in der Nacht klammheimlich unter die Bettdecke und man muss sich diese mit dem strampelnden Nachwuchs teilen. Das ist manchmal ganz gemütlich, aber mitunter auch anstrengend, wenn es zu häufig vorkommt.

Meistens sind im Schlafzimmer die großen Kleiderschränke der Eltern untergebracht, zumindest, wenn sie nicht den Luxus eines Ankleidezimmers haben. Durch die Ruhe, die so ein Schlafzimmer mit sich bringt, ist es besonders für einen nicht zu großen Schreibtisch geeignet, an dem man kleine Arbeiten oder die Familien-Papierwirtschaft erledigt. Die Bezeichnung Schlafzimmer ist also eigentlich nur halbrichtig. In den meisten Fällen ist es doch ein Mehrzweckraum, in dem man schläft und den man aus diesem Grund funktional, aber vor allem schön und ansprechend gestalten sollte.

Weiß in allen Variationen – eine farbliche Klammer schafft Ruhe und Ausgeglichenheit.

Bett und Matratze

Das Bett ist natürlich der Kern, das Herz jeden Schlafzimmers. Das Gestell kann schlicht oder aufwändig sein. Hauptsache es passt zu Ihnen. Viel wichtiger ist, wie Sie tatsächlich gebettet sind. Es ist zu empfehlen, getrennte Matratzen zu wählen. Erstens kann jeder den Härtegrad der Matratze selbst bestimmen, was schon allein bei der Gewichtsdifferenz von Mann und Frau sinnvoll ist. Damit lässt sich der Schlaf wirklich optimieren. Wenn einem schon nicht so viel davon bleibt, ist die Qualität der gezählten Schlafstunden umso wichtiger. Zweitens merkt der eine Partner nicht unmittelbar, wenn der andere unruhig schläft und sich hin und her dreht. Durch eine Matratzenauflage ist der ungeliebte Spalt auch kaum zu spüren und das Bett gewinnt an Kuscheligkeit.

Entscheiden Sie sich für eine möglichst große Liegefläche. Für einen selbst ist es schön, viel Bewegungsfreiheit im Schlaf zu haben. Und wie das so ist, haben Sie phasenweise den einen oder anderen Mitschläfer in Ihrer Mitte, der strampelt und quer liegt.

▷ Ein großes Bild oder ein farbiger Stoff machen sich gut über dem Bett.

▽ Gedeckte Farbtöne sind elegant und harmonieren wunderbar mit hellem und dunklem Holz.

Stauraum

KLEIDERSCHRANK Kalkulieren Sie den Kleiderschrank immer größer. Es sammeln sich doch mehr Dinge an, als man vermutet. So haben Sie auch die Möglichkeit, zum Beispiel die Wintergarderobe der Kinder im Sommer dort zu verstauen.

EIGENE ORDNUNG Am besten hat jeder einen eigenen Schrank für sich, dann kann man seine eigene Ordnung halten. So vermeiden Sie schon am frühen Morgen Reibereien.

EINBAUSCHRANK Praktisch und optisch meist sehr ansprechend sind Einbauschränke. Die muss man meist extra anfertigen lassen. Aber wenn Sie damit sehr viel mehr Stauraum schaffen, der genau auf Ihre Raumsituation eingeht, lohnt sich eine solche Investition.

INNENLEBEN Die innere Ordnung spielt im Kleiderschrank eine wichtige Rolle. Durchdachte Einbauten für Socken, Unterwäsche und Schuhe gibt es in Möbelhäusern zu kaufen. Das erleichtert die Kleidersuche am Morgen, wo es sowieso mal hektisch werden kann.

AUSMISTEN Aussortieren in regelmäßigen Abständen ist notwendig, um die Übersicht zu behalten.

KLAMMERSÄCKCHEN In einem nostalgischen Klammersäckchen, das am Kleiderbügel hängt, können Sie Gürtel oder Strumpfhosen verstauen und an die Kleiderstange hängen.

Kisten sind schöne Alternativen zum klassischen Nachtschränkchen.

In diesem Schlafzimmer besteht das Kopfteil aus einer massiven Wand. In den gemauerten Regalen rechts und links des Betts ist Platz für viele Bücher und Erinnerungen.

Einrichtung und Farbigkeit

Das Schlafzimmer ist wirklich Ihr Bereich, den Sie auch kompromisslos so gestalten sollten, wie Sie und Ihr Partner sich das wünschen. Grundsätzlich gilt für dieses Zimmer: wenige, klare Möbel, sanfte Farben und möglichst keine Unruhepunkte. Wenn es die Größe hergibt, stellen Sie sich einen gemütlichen Sessel in Ihr Refugium, in den Sie auch mal am Tag flüchten können.

Beleuchtung

Nachttischleuchten rechts und links neben dem Bett schaffen eine gemütliche Atmosphäre. Sie sollten aber auf jeden Fall hell genug sein, um abends noch lesen zu können. Ein kleiner, drehbarer Schirm, mit dem man punktuell eine Stelle beleuchten kann, ist sinnvoll, weil so der Bettnachbar beim nächtlichen Lesen weniger gestört wird.

Eine Hängeleuchte als Grundbeleuchtung sollte genug Licht in die Kleiderschränke bringen.

LICHTBLICK Schläft Ihr Baby ebenfalls im Schlafzimmer, genügt eine Taschenlampe für das nächtliche Füttern. Das kleine Licht reicht, sich kurz zu orientieren und weckt weder Baby noch Partner auf.

Niemand schreibt eine strenge Symmetrie vor. Hier sehen Sie, wie reizvoll unterschiedliche Lichtquellen auch im Schlafzimmer sein können.

Babyecke im Schlafzimmer

In den ersten Lebenswochen eines Kindes steht das Kinderbettchen oder der Stubenwagen meist im elterlichen Schlafzimmer.

Das bedeutet nicht, dass der Stil in Ihrem heiligen Rückzugsgebiet darunter leiden muss. Stellen Sie das Bettchen oder die Wiege in eine schöne Ecke. Hängen Sie ein Mobile über das Kopfteil des Bettchens, oder vielleicht an die Wand ein paar hübsche Bilder. Vielleicht bringen Sie ein kleines Regal an, auf dem seine ersten Kuscheltiere und die Glückwünsche zur Geburt Platz finden, und ein kleines Tischchen neben dem Bett, auf dem eine hübsche Lampe steht, die für angenehmes Licht sorgt.

Halten Sie alles in hellen Farben. Den farbigen Sessel machen Sie mit einer weißen Decke zur Babyecke passend.

Der Fenstervorhang sollte den Raum völlig abdunkeln können, damit das Kind seinen Mittagsschlaf ungestört halten kann.

Ankleide*zimmer*

Ein Ankleidezimmer gehört bei Neubauten fast zum Standard und ist auch in Altbauten ein schöner Luxus. So ein begehbarer Kleiderschrank muss gar nicht groß sein. Und wenn man ihn wirklich sinnvoll plant, haben dort nicht nur Kleider Platz. Auch die voluminöse Wintergarderobe, Bettwäsche, Tischwäsche, Schwimmsachen, große Handtücher und der Weihnachtsschmuck können dort gut und übersichtlich verstaut werden. Deshalb sollten Sie unbedingt überlegen, ob es sich nicht lohnt, statt eines großen Schranks in einer Ecke zwei Quadratmeter mit einer simplen Konstruktion abzutrennen. Optisch kann das oft eine unauffällige Lösung sein, die man als Stauraum gar nicht wahrnimmt, weil sie sich in die Architektur des Raums integriert.

Für Frauen ist der größte Luxus ein Raum nur für Klamotten. Gerade weil er so klein ist, gibt es für diesen Raum einiges zu beachten.

Ausstattung

WANDHOCH Den Raum wirklich bis unter die Decke nutzen. Dort haben Koffer, Wintermäntel, Tischdecken, Bettwäsche und vieles andere Platz.

TREPPCHEN Ein stabiler Tritt ist wichtig, um die oberen Etagen auch mit vollgepackten Händen sicher zu erreichen. Der Tritt kann zudem als Sitzgelegenheit genutzt werden.

GUTES LICHT Gutes, neutrales Licht, damit man sich bei seiner Outfit-Zusammenstellung nicht vertut.

SPIEGLEIN Ein Spiegel für einen Outfit-Check ist natürlich wichtig.

PLATZSPARER Den frisch gewonnenen Platz sollten Sie aber nicht unnötig mit Kleidung, die Sie ohnehin nicht mehr tragen, vollstopfen. Ausmisten und aussortieren ist hier noch wichtiger als in den anderen Wohnbereichen.

RUTSCHFEST Wenn Sie mit einfachen Haushaltsgummis beide Enden eines Kleiderbügels umwickeln, rutschen leichte Kleidchen und Oberteile mit weitem Ausschnitt nicht so leicht vom Bügel.

Was für ein schöner Anblick: In sinnvoll eingeteilten Regalen lassen sich jede Menge Schuhe unterbringen.

Je mehr Sie von zu Hause aus arbeiten, umso schöner sollten Sie sich Ihren Büroplatz auch gestalten.

Home-Office

Wenn Sie Glück haben, können Sie sich in einem Miniraum Ihr kleines, feines Home-Office mit Computer, Drucker und Ordnern einrichten. Selbst drei Quadratmeter kann man schon sehr effektiv gestalten. Die meisten von uns müssen wahrscheinlich mit einem Schreibtisch im Wohnzimmer oder Schlafzimmer Vorlieb nehmen oder breiten sich mit dem Laptop einfach da aus, wo gerade Platz ist.

Unser kleines Familienunternehmen

Unfassbar, was man als kleine Familie an Formularen ausfüllen muss: Kindergarten-Papiere, Anträge auf irgendwelche Bezuschussungen, Bankgeschäfte, Krankenkasse, Versicherungen, Arbeitsverträge, Miete und Stromabrechnung, der Stress mit dem Telefonanbieter, Steuer – irgendwas ist einfach immer zu tun.

Selbst wenn Sie nicht berufstätig sind, so nimmt schon das Ausfüllen von Papieren für das ganz normale Leben viel Zeit in Anspruch.

Es verlangt noch mehr Zeit, wenn man bei jedem Antrag sämtliche Unterlagen irgendwo zusammensuchen muss. Deshalb versuchen Sie unbedingt – trotz oder gerade mit Kindern –, den Papierberg übersichtlich zu halten.

KINDERORDNER Schaffen Sie für jedes Kind einen Ordner an, in dem alles zu finden ist: Geburtsurkunde, Elterngeldunterlagen, Kita-Scheine usw.

BANKGESCHÄFTE Fester Platz für Überweisungsträger oder PINs für Online-Banking. Dann zahlt man auch meistens rechtzeitig die Rechnungen.

POST Ablagekorb für geöffnete und noch nicht erledigte Post einrichten. Den aber auch bitte regelmäßig leeren und bearbeiten.

ARBEITSMÖBEL Ein kleiner Sekretär im Wohnbereich oder ein Schrank mit einer ausziehbaren Arbeitsplatte im Schlafzimmer wird der Familienbürokratie meistens sehr gerecht.

Zu Hause arbeiten

Das Arbeiten von zu Hause aus kann praktisch sein, aber auch, besonders mit kleineren Kindern, zum Fluch werden. Denn die Kinder finden dann den Arbeitsplatz plötzlich viel interessanter als die Bauklötze und möchten am liebsten die ganze Zeit auf Mamas Schoß sitzen. Dennoch gehört es fast zum Alltag einer modernen Familie, dass ein Elternteil gewisse Büroarbeiten von zu Hause aus erledigt. Es macht auch Sinn, sich einen kleinen Arbeitsplatz einzurichten, weil man so flexibler reagieren kann, wenn ein Kind unerwartet Scharlach mit nach Hause bringt und man gezwungen ist, daheim zu bleiben.

ATMOSPHÄRE Selbst wenn Ihr „Bürochen" in einer Kammer untergebracht ist – schaffen Sie sich eine schöne Atmosphäre. Eine angenehme Raumtemperatur, Ordnung, ein guter Stuhl und eine freie Arbeitsfläche mit einem kleinen Blümchen machen das Arbeiten einfach angenehmer.

Suchen Sie sich einen Ort, an dem Sie Ihre kreative Seite ausleben können – auch wenn es nur eine alte Tür ist, die auf zwei Tischböcken liegt.

KOMBIGERÄTE Entscheiden Sie sich für kleine Geräte, die am besten Drucker und Kopierer kombinieren. Das spart Platz.

ORDNER Bringen Sie mit eindeutig beschrifteten Ordnern Übersicht in Ihr Büro.

AUSZEIT Machen Sie sich und Ihrer Familie klar, dass Sie für den Moment, an dem Sie am Schreibtisch sitzen, ungestört sein wollen und geben Sie für diesen Zeitraum die Verantwortung in die Hände Ihres Partners oder eines der größeren Kinder.

Ihr kleines Büro muss keineswegs immer funktional sein. Verwenden Sie wohnliche Accessoires, integriert sich der Arbeitsplatz in das umliegende Interieur.

▷ Die Rücken von Aktenschubern sind mit Bildstreifen beklebt. Nebeneinandergestellt ergeben die Abschnitte ein Bild.

▽ Ich weiß, was in dir steckt – eine Kopie von Büroklammern, Schere oder Stiften zeigt den Inhalt der Dose.

BRIEFMARKEN Eine kleine Filmdose kann als Briefmarkenspender dienen. Einfach Briefmarken auf der Rolle kaufen und das Döschen senkrecht schlitzen, dass Sie die Marken durchschieben und einzeln abreißen können.

10 FRAGEN AN Dr. Silvana Koch-Mehrin

Europa-Abgeordnete der F.D.P.

1. Sie haben drei Töchter. Wie ist der Rosa-Faktor in Ihrer Wohnung?

Das ist zu meinem Erstaunen gar nicht so viel. Wir leben eher in einer Villa Kunterbunt: Jedes Kinderzimmer hat eine andere Farbe, das Treppengeländer ist blau, der Boden aus Holz, die Decken ganz klassisch weiß.

2. Wenn man Gesetze blitzschnell beschließen könnte, welches Gesetz bezüglich der Familie wäre das?

Familien brauchen Freiheit. Und das heißt: Wir brauchen von der Politik familien- und kinderfreundliche Rahmenbedingungen. Es wäre z.B. sinnvoll, wenn Eltern die Kosten der Betreuung und Ausbildung von Kindern komplett von der Steuer absetzen könnten. In Frankreich z.B. leben Normalverdiener mit drei Kindern fast steuerfrei. Da können wir uns noch viel von unseren europäischen Nachbarn abgucken.

3. Wann fällt es am schwersten, aus beruflichen Gründen nicht bei der Familie zu sein?

Mein Partner und ich teilen uns alle Aufgaben. Wir beide haben einen Job und eine Karriere, aber auch als Eltern leben wir Gleichberechtigung. Mindestens ein Mitglied der Familie ist immer da. Aber wenn eines der Kinder krank ist, dann ist die Situation natürlich nicht leicht, ganz klar.

4. Welcher Gegenstand in Ihrer Wohnung ist Ihnen heilig? Wo dürfen die Kinder nicht ran?

Da gibt es nichts Bestimmtes, aber die Kinder lernen, wo sie ran dürfen und wo nicht.

5. Wann und wo trifft sich die ganze Familie?

Wir treffen uns in ganz Europa. Mit den Großeltern in Irland, zu meiner Familie fahren wir nach Deutschland und Spanien, wo mein Bruder arbeitet – oder aber alle kommen nach Brüssel. Normalerweise sehen wir uns zu den Feiertagen und machen regelmäßig miteinander Urlaub.

6. Ihr Mann ist Ire. Gibt es typisch irische Rituale in Ihrem Familienleben?

Am Saint Patrick's Day feiern wir den irischen Nationaltag, und Weihnachten gibt es für unsere Kinder verteilt auf zwei Tage Geschenke: Heiligabend mit deutscher Tradition, am Weihnachtstag nach irischer.

7. Wann reißt bei Ihnen der Geduldsfaden?

Wenn morgens das Mobiltelefon im Kakao versinkt, Kinderhände mein Kostüm mit Marmelade verzieren, meine Arbeitsunterlagen nicht auffindbar sind, das Auto kaum noch was im Tank hat, und meine drei Töchter sich nicht entschließen können, welche Schuhe sie anziehen möchten, komme ich mir vor wie in einem Ausdauer-Spiel: Ich im Wettbewerb mit der Zeit und meinen Nerven.

8. Was durften Sie früher nicht, was Sie jetzt unbedingt Ihren Kindern erlauben?

Meine Eltern waren strikt gegen Barbies. Das habe ich gar nicht erst versucht, da ich definitiv verlieren würde.

9. Wer hat in Ihrer Familie das letzte Wort bei Einrichtungsfragen?

Bisher noch ich, aber meine Töchter haben schon sehr eigene Vorstellungen.

10. Mit wie vielen Sprachen wachsen Ihre Kinder auf?

Die Mädchen wachsen mit drei Sprachen auf. Bei uns zu Hause spreche ich Deutsch, mein Mann Englisch. In der Schule und im Kindergarten wird Französisch gesprochen.

Rückzugs ecken

Es muss nicht immer eine Tür sein, die einen privaten Bereich begrenzt. Und es sollte natürlich nicht nur das Schlafzimmer sein, in dem Ihre Sachen vor den Kindern sicher sind oder Sie ungestört in Ihrer Wohnung sein können. Sei es nun eine Nische, in der der Schreibtisch, oder eine Ecke, in der ein Sessel – Ihr Sessel – steht. Das sind die kleinen Fluchten der Eltern in den offenen Familienräumen, die für die Kinder nicht unbedingt zum Ausbreitungsfeld ihrer Spielsachen und zum Gelände für wilde Tobereien gehören müssen.

Schon ein Sessel kann zur privaten Oase mitten im Familienleben werden.

Wenn Sie sich Ihre Leseecke im Wohnzimmer einrichten wollen, dann schaffen Sie sich eine Art Insel. Ein alter Sessel oder die schöne Récamiere, die Sie bei E-Bay für wenig Geld erstanden haben, wird zur Privatangelegenheit, wenn Sie das Möbel bewusst ein wenig abseits stellen. Richten Sie es beispielsweise zum Fenster in der Ecke aus und nicht zum Fernseher oder zum Sofa. Damit wird auch optisch klar, dass Sie dort in Ruhe Ihre Zeitung lesen möchten und sich kurzfristig aus der Familienrunde abseilen. Ihre Leseinsel können Sie noch zusätzlich mit einem kleinen Teppich, einer Leselampe, vielleicht einem Beistelltisch als abgeschlossenen Bereich betonen.

Ihr Sekretär, ein altes Erbstück Ihrer Oma, ist nicht nur ein schmückendes Element. Wenn Sie hier den Papierkram der Familie erledigen und dort hin und wieder arbeiten, ist auch das eine Art Rückzug aus dem Familienleben. Nehmen Sie für sich in Anspruch, bei Ihren Erledigungen für diese Zeit ungestört sein zu wollen.

Letztlich kann aber selbst der Küchentisch, das Sofa oder die Badewanne zum Refugium werden, wenn das für Ihr Wohlbefinden wichtig ist. Wenn Sie diese Zeit für sich brauchen, für ein Telefonat mit Ihrer Freundin oder zum Blättern in einer Zeitschrift, sollten Sie das dem Rest der Familie klarmachen. Ihre Kinder werden es vermutlich nicht wirklich verstehen, sich aber an bestimmte Abmachungen halten.

Ein cleveres Ordnungssystem und ein Tisch mit kleinen Stühlen sind eine wichtige Basis im Kinderzimmer.

Kinderzimmer

Spielen, toben, älter werden

Die Einrichtung des Kinderzimmers beginnt schon mit dem positiven Schwangerschaftstest. Ist ja auch kein Wunder, die Vorfreude ist riesengroß und wir möchten dem kleinen Menschlein die Landung auf der Welt ja so sanft und angenehm wie möglich gestalten. Und so wird neun Monate lang überlegt, skizziert, gestellt und ausgesucht.

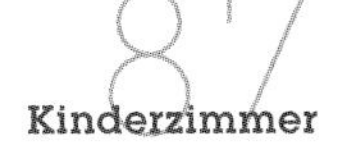

Keine Sorge, mit der Geburt Ihres Kinds muss nicht zwingend die Tapete mit grinsenden Bärchen und watschelnden Entchen Einzug in die Wohnung halten. Denn die naiven Tierchen sind keineswegs gleichbedeutend mit kindgerechter Einrichtung.

Sie müssen auch nicht unbedingt die Klischees vom rosa Kinderzimmertraum für ein Mädchen und der hellblauen Variante für Jungen übernehmen. Wenn man schon von einer kindgerechten Gestaltung des Zimmers spricht, ist es vielleicht eher eine schlichte und zurückhaltende Einrichtung, die dem Kind genug Raum für die eigene Fantasie und Kreativität lässt. Und genug Stauraum sollte es haben, denn der schafft wiederum mehr Platz zum Spielen und Toben. Ein Kinderzimmer muss auch nicht zwingend kunterbunt sein. Farbenfrohes Spielzeug und die eigenen Kunstwerke der Kinder sind bunt genug und verleihen dem Raum nach und nach die Persönlichkeit, die zum Kind passt.

Das Kinderzimmer ist für die Kleinen ein wichtiger Raum, ihr Nest. Es ist der Raum, in dem sie heranwachsen und mit dem sie sich, vor allem wenn sie größer sind, identifizieren. Das Zimmer ist der Raum, für den die Kinder verantwortlich sind und in dem sie mit Einschränkungen, versteht sich, das tun dürfen, was sie möchten. Macht man sich anfangs viele Gedanken, den Kleinen mit kreativem Input und ganz viel Liebe ein gemütliches Nest zu bauen, so ist man bei den Teenagern eher als Geldgeber gefragt denn in der Funktion des Einrichtungsberaters. Die Kinder wachsen heran und haben mehr und mehr ihren eigenen Geschmack. Und wenn wir Glück haben, halten sich die Geschmacksdifferenzen im Rahmen.

△ Möbel, die mitwachsen, wie dieses Kinderbett, sind praktisch und ihr Geld wert.

▷ Eine kuschelige Ecke, in der das Bett steht, ist ein wichtiger Rückzugsort für die Kinder.

ANHÄNGLICH Versehen Sie ein paar der Kuscheltiere mit einem Stück Klettband am Rücken. Wenn Sie etwa einen Meter des Bandes an der Wand befestigen, können die Kinder die Tiere einfach an die Wand kleben.

LICHTVERHÄLTNISSE Ein kleiner, heller Raum eignet sich mitunter besser für das Kinderzimmer als ein großer, aber eher dunkler.

TAUSCHGESCHÄFT Kommt es zu Streit unter den Geschwistern, wer das größere Zimmer erhält, stellen Sie den Plan auf, jedes Jahr in den Sommerferien einen Zimmertausch vorzunehmen. Ein jährliches Ausmisten ist die prima Nebenerscheinung.

ORDNUNG Ein klar durchdachtes und großzügiges Ordnungssystem ist eine wichtige Grundlage für ein Kinderzimmer. Kleider, Spielzeug und Bücher sollten auch für die Kinder selbst problemlos aufzuräumen sein.

FLEXIBILITÄT Kinder werden schneller groß, als man denkt. Wenn Sie nicht alle paar Monate renovieren möchten, entscheiden Sie sich für Möbel, die mitwachsen oder multifunktional sind. Ein normal großer Schrank kann auch im Teenageralter noch benutzt werden. Als Wickelkommode können Sie eine gewöhnliche Kommode benutzen, die später für Ordnung im Kinderzimmer sorgt. Entscheiden Sie sich für Betten, die man umrüsten und so vom Säuglingsalter bis zur Einschulung nutzen kann.

MIXTUR Der Mix macht's – kaufen Sie nicht alles zur gleichen Zeit aus einem Guss. Warten Sie, bis Sie genau das passende Möbelstück gefunden haben, das Ihrem Kind und Ihnen gefällt.

TRICKSEN Das sollte jetzt vielleicht nicht unbedingt Ihr Kind lesen: Wenn es um eine Neuanschaffung geht, treffen Sie eine Vorauswahl, die Ihrer Meinung nach in Ihr familiäres Wohnkonzept und zu Ihrem Geldbeutel passt, und aus dem dann Ihr Kind eines wählen darf. So kommt es zu weniger Diskussionen.

SICHERHEIT Machen Sie vor allem das Kinderzimmer sicher: Steckdosenschutz, Fensterriegel usw.

Das perfekte Kinderzimmer

Baby

Kaum weiß man, dass man schwanger ist, schon blättert man in Farbfächern, lässt sich von allen möglichen Zeitschriften inspirieren oder durchstöbert die Flohmärkte nach einem hübschen Kinderbettchen. Mit einer gehörigen Portion Unsicherheit, was denn wirklich das Beste für das Neugeborene ist, lässt man sich von allen möglichen Leuten reinreden. Die Mutter erzählt, wie man das vor 30 Jahren gemacht hat. Und die Freundin weiß alles über links drehende Energien im Kinderzimmer, leicht esoterisch angehaucht. Alle meinen es gut, keine Frage, aber letzten Endes können Sie mit einem gesunden Menschenverstand am Anfang gar nicht so viel verkehrt machen. Denn das, was das Baby interessiert, sind Sie, mit Ihrer Wärme, Ihrer Liebe und Fürsorge. Es möchte sich an Ihrer Brust geborgen fühlen, immer genug im Bäuchlein haben und der Rest ist ihm erstmal herzlich egal.

Die ersten Wochen

In den ersten Wochen, vielleicht auch Monaten ist das Neugeborene ohnehin die meiste Zeit bei der Mutter und schläft in der Nähe der Eltern in deren Schlafzimmer. Das ist am Anfang das Bequemste für alle. Viele benutzen ein angedocktes Bettchen, auch Balkonbettchen genannt, das an die eine Seite des Doppelbetts angeschraubt wird. Das Baby spürt die Wärme der Mutter, und das nächtliche Füttern ist unkompliziert. Ein Stubenwagen, den man sich für die ersten Wochen vielleicht bei Freunden leiht, ist auch ein schönes Nest für die Anfangszeit. Durch den kleinen Mitbewohner im Schlafzimmer müssen beide Eltern zwar auf das Lesen vor dem Einschlafen verzichten, aber Einschlafprobleme hat man durch den permanenten Schlafmangel ohnehin nicht und die Augen fallen auch ohne Geschichten ganz von allein zu.

Meistens spüren die Eltern, wann der richtige Zeitpunkt gekommen ist, das Kind in sein Zimmer umzubetten und die Eltern ihr Schlafzimmer wieder für sich haben.

△ Hübsche Kleidchen dürfen ruhig gezeigt werden. Sie hängen einfach an einer Hakenleiste.

◁ Alles was Ihr Kind und Sie am Anfang brauchen: Ein kleines Bett und ein bequemer Sessel, in dem Sie es sich beim Stillen bequem machen können.

Die Einrichtung

VORARBEIT Verschieben Sie möglichst nichts an Besorgungen, die Sie vor der Geburt erledigen können. Denn es wird garantiert anstrengend und es dauert eine Weile, bis wieder Routine in den Alltag kommt.

LIEGESTATION Babys verbringen viel Zeit im Liegen. Versuchen Sie die räumliche Perspektive des Babys einzunehmen. Kann es genug mit seinen neugierigen Augen entdecken?

ÖKOFARBEN Verwenden Sie Farben und Lacke auf Wasserbasis, die absolut ungiftig und auch beim Draufrumknabbern für das Kind unbedenklich sind.

AUSDÜNSTUNG Mal- und Lackarbeiten schon ein paar Wochen vor dem Geburtstermin erledigen, damit das Zimmer lüften und die Farbe ausdünsten kann.

Ob große Teddies oder flauschige Hasen – anschmiegsame Kuscheltiere sind für Kinder viele Jahre lang treue Wegbegleiter.

WÄRME Gerade für Winterkinder und in kühleren Altbauwohnungen ist ein Wärmestrahler über dem Wickeltisch sinnvoll.

ENGE Es reicht, wenn Sie das Kinderbett erst nach ein paar Monaten anschaffen. Neugeborene fühlen sich am Anfang in einer engeren Umgebung wie einem Stubenwagen geborgener.

SESSEL Ein Stillsessel im Kinder- oder Schlafzimmer ist nicht nur praktisch zum Stillen und Füttern, er schafft auch ganz schnell Gemütlichkeit in einem Raum.

SANFT Wählen Sie für das Babyzimmer eine sanfte Farbigkeit. Weiß oder Pastelltöne haben eine beruhigende Wirkung auf Mutter und Kind.

KNALLIG Akzente wie Bilder und ein tanzendes Mobile dürfen ruhig einen kräftigen Farbton haben. Rot und Orange sind übrigens die ersten Farben, die Babys wahrnehmen.

ACHTUNG Verzichten Sie in der ersten Zeit auf einen Teppich direkt vor der Wickelkommode. Manchmal schießen die Kleinen unverhofft Flüssiges und Halbflüssiges durch die Gegend.

LANGSAM Lassen Sie sich Zeit mit der Anschaffung großer Möbel. Anfangs sind die Kleider und Spielsachen noch gut in Körben, der Wickelkommode oder einem kleinen Regal untergebracht.

Der Vintage-Stil verleiht auch Kinderzimmern einen besonderen Charme.

Kindergarten-kinder

Irgendwann, wenn die Kinder laufen lernen, wird ihnen bewusst, dass das Kinderzimmer ihr Refugium zum Spielen und Toben ist. Es wird als ihr Rückzugsort immer wichtiger.

In diesem Alter ist der Fußboden Hauptumschlagplatz. Hier wird gespielt, gepuzzelt, gebaut, gebolzt, werden Purzelbäume geschlagen.

Vom ersten Tag der Geburt an vervielfacht sich das Spielzeug. Spätestens jetzt sollten Sie für ein übersichtliches Ordnungssystem sorgen. Alles sollte seinen festen Platz haben und gut erreichbar sein. Wenn Sie die Kisten mit den jeweiligen Symbolen versehen, Stifte, Bauklötze usw., fällt es auch den Kleinen einfacher, Ordnung zu halten.

◁ Ein liebevoll eingerichtetes Zimmer gibt jedem Kind Geborgenheit und Wärme.

▽ Auch wenn Tisch und Stühle noch so schlicht ausfallen – zum Spielen, Basteln und Malen sind sie im Kinderzimmer unverzichtbar.

Die Einrichtung

KISTENKULT Kaufen Sie gleich mehrere gleiche Kisten für Lego, Bauklötze und Stifte. Ob aus Plastik oder Holz, so behalten die Kinder die Übersicht über ihr Spielzeug.

NORMAL Ein Kleiderschrank in Normalgröße ist sinnvoll. Je mehr Stauraum, umso mehr Platz zum Spielen. Und den Schrank können die Kinder auch noch als Teenies benutzen.

BETTENWECHSEL Mit drei oder vier Jahren hat das Gitterbettchen ausgedient. Dann ist es Zeit für ein normales Bett, das die Kinder bis sie groß sind nutzen können.

WEICHER BODEN Der Fußboden ist noch lange der Lieblingsplatz. Ein Teppich, der nicht schmutzempfindlich ist, schont die Knie und dämpft die Geräusche.

SITZEN Ein Tisch und zwei Stühle sind praktisch zum Malen und Kneten und lädt die Kinder ein, sich gegenseitig zu bekochen oder Restaurant zu spielen.

KUSCHELECKE Ein großes Bodenkissen oder eine kleine Matratze eignet sich gut für die Kuschelecke.

SCHAUKÄSTEN Schaffen Sie eine Fläche, wo die Kunstwerke Ihres Kinds präsentiert werden. Eine Pinnwand oder eine Schnur, an die man die Bilder klammert, ist hübsch und auch für die Kinder leicht zu bestücken.

Prinzessinnenschloss oder Ritterburg

Natürlich wollen Mädchen, wenn sie gefragt werden, in einem rosaroten Zimmer wie Barbie und die Jungs am liebsten in einem Ritterburgbett schlafen. Oft sind dies aber nur sehr kurzzeitige Fantasien. Eine schlichte einfarbige Wand fördert die Fantasie und lässt mehr Platz für die eigene Kreativität der Kinder. Außerdem bilden weiße Wände und ein neutraler Boden die perfekte Grundlage für die bunten, selbst gemalten Bilder und das farbige Spielzeug. Dennoch soll die Gestaltung des Kinderzimmers natürlich auch auf die Wünsche seiner Bewohner eingehen: Die Lieblingsfarbe Ihrer Kinder können Sie gut in einem Vorhang, der Bettwäsche, in Kissen und Schaumstoffbezügen oder wohldosiert an der Wand auftauchen lassen.

Viel Farbe, praktische Möbel und lustige Details sind in allen Kinderzimmern willkommen.

Das mögen Mädchen

- **Pinnwand,** mit Stoff bezogen oder bemalt
- **Puppenecke**
- **Spiegelchen**
- **Kisten und Schachteln** für Schmuck und Schätze
- **Kaufladen**
- **Spielküche**
- **Hochbett** zum Klettern und Höhlenbauen
- **Beliebte Motive:** alle Arten von Tieren, Prinzessinnenmotive wie Krönchen usw., Käfer und Schmetterlinge

Das mögen Jungs

- **Hochbett,** das als Klettergerüst dient
- **Boxsack –** sieht cool aus und man kann Dampf ablassen
- **Flexible Möbel,** die zum Höhlenbauen herhalten
- **Ausstellungsfläche** für ihre Matchbox-Autos
- **Schaumstoffteile**, die mit Stoff bezogen sind und mit denen sie sich Schiffe und Festungen bauen können
- **Große Tafel**
- **Beliebte Motive:** Tiere, Safari, Autos, Ritter, Dinosaurier, Flugzeuge, Käfer

△ Verspielte Metallbetten machen Mädchenzimmer erst richtig romantisch.

◁ Bei dieser Tapete sind Kritzeleien an der Wand sogar ausdrücklich gewünscht. Die Märchenmotive können die Kinder selbst ausmalen.

RADIO

Schulkinder

Jetzt beginnt quasi der Ernst des Lebens. Na ja, so pathetisch muss man das Ganze ja nicht gerade sehen. Aber dennoch: Jetzt ist es der Zeitpunkt, wo sich durch die Einschulung nicht nur das Leben des Kinds, sondern auch der Anspruch an das Kinderzimmer ändert. Die Pflicht der Hausaufgaben kommt zum täglichen Alltag der Kinder hinzu. Viele erledigen diese zwar auch am Küchentisch, trotzdem sollte das frischgebackene Schulkind die Möglichkeit haben, sich zum Malen, Basteln und für die Schulaufgaben an den eigenen Schreibtisch zurückziehen zu können.

Im Laufe der Grundschule machen niedliche Bilder den coolen Posen von Rockstars Platz. Und bei den Jungs dürfte das komplette Zimmer mit den Helden der Nationalelf tapeziert sein. Die Einrichtung wird immer mehr von den Kindern selbst bestimmt. Jetzt ist es auch an der Zeit, Platz für neue Hobbys und Interessen zu schaffen, sich von altem Spielzeug zu verabschieden und auf dem Flohmarkt zu verkaufen.

In Geschwisterzimmern stehen Wickeltisch und Schreibtisch oft nah beieinander.

Der neue Ort des Geschehens ist bei Schulkindern der Schreibtisch. Wenn der schön ist, werden die Schulaufgaben auch gern gemacht.

Zeigen Sie uns ihr Kinderzimmer oder sehen Sie sich andere Kinderzimmer zur Inspiration an unter www.SoLebIch.de/Unser-Nest

SCHREIBTISCH Der Schreibtisch ist eine wichtige Neuanschaffung. Halten Sie klare Verhältnisse rund um diesen Ort. Nichts was allzu sehr ablenkt – das kann manchmal auch der Blick aus dem Fenster sein.

BEREICHE Trennen Sie, wenn möglich, den Schreibtisch vom Spielbereich mit einem quer gestellten Möbelstück, vielleicht einem Paravent.

Die riesengroßen Tapetentiere sind für die Kinder viele Jahre lang beschützende Mitbewohner.

AUSSTELLUNG Richten Sie eine Möglichkeit ein, die gebastelten Dinge und Kunstwerke zu präsentieren. Ein Brett an der Wand oder eine Wäscheleine, an die man die Bilder mit Klammern hängen kann.

PIMPEN Machen Sie den Kindern das Lernen mit schönen Accessoires wie Stiften oder hübschen Kästchen schmackhaft.

TISCHORDNUNG Schaffen Sie auch auf dem Tisch eine solide Basis, um Ordnung zu halten: ein Rollcontainer mit Schubladen unter dem Schreibtisch oder unterteilte Kisten auf dem Tisch.

LICHT Gute Lichtverhältnisse am Schreibtisch sind wichtig.

STUHL Auch am ergonomisch geformten Schreibtischstuhl sollten Sie nicht sparen. Das Kind muss bequem, gut und vor allem gesund sitzen.

Mit Tafellack eine ganze Wand lackieren – so können sich die Kinder mit bunter Kreide austoben.

Teenager

Spätestens jetzt werden Ihnen anstatt strahlender Kindergesichter Schilder wie „Zutritt verboten“ oder „Eltern bitte draußen bleiben“ begegnen. Immer öfter verkriecht sich das Kind in seinem Zimmer, um allein zu sein oder mit Freunden den aktuellen Liebeskummer zu verarbeiten. Von außen betrachtet ist die Pubertät aber auch eine fiese Zeit. Sie sind noch Kinder. Aber mit ihnen, ihrem Körper und um sie herum finden Veränderungen statt, die sie nicht wirklich kapieren. Spätestens jetzt sind Sie, was die Einrichtung des Kinderzimmers anbelangt, abgemeldet und eher Geldgeber denn Berater. In diesem Alter sollten Sie nicht auf Biegen und Brechen versuchen, Ihrem Kind Ihren Stil aufzudrücken. Im Zweifel entscheidet es sich aus Protest genau für das, was Sie nicht mögen. Auch wenn es Ihnen noch so schwer fällt: jetzt entscheidet das Kind, was es mag. Und nicht nur der Kleidungs-

Es gibt viele Sammler unter den Teenagern. Genug Ausstellungsfläche für ihr Hab und Gut ist in dem Alter sehr wichtig.

stil des Nachwuchses, der Ihnen vielleicht manchmal ein Dorn im Auge ist, zeigt immer mehr, wer sie sind oder sein möchten. Auch das Zimmer – Kinderzimmer darf man wahrscheinlich nicht mehr sagen – ist mehr und mehr Ausdruck ihrer Persönlichkeit. Und nervt Sie gerade mal wieder die fatale Unordnung, denken Sie vielleicht nur kurz an Ihre eigene Jugend – auch diese anstrengende Zeit für Eltern und Kinder vergeht irgendwann.

Solide Möbel und eine tapezierte Weltkarte machen aus dem Kinderzimmer eine coole Bleibe für Teenager.

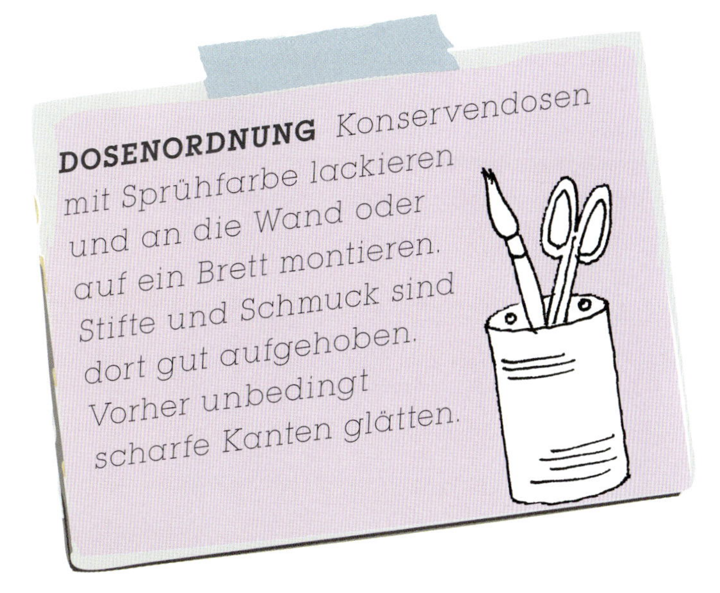

DOSENORDNUNG Konservendosen mit Sprühfarbe lackieren und an die Wand oder auf ein Brett montieren. Stifte und Schmuck sind dort gut aufgehoben. Vorher unbedingt scharfe Kanten glätten.

Geschwisterzimmer

Viele Geschwister teilen sich ein Kinderzimmer. Meist aus Platzgründen, aber auch einfach, weil es schöner ist, gemeinsam einzuschlafen und sich vor allem nachts nicht allein zu fühlen. Vielleicht erinnern Sie sich daran, wie schön es war, sich gegenseitig Geschichten zu erzählen oder heimlich unter die Bettdecke des anderen zu schlüpfen. Für die Kinder hat es auch etwas Praktisches: Geht es ums Aufräumen, steht keines der Geschwister allein da. Natürlich sorgt ein gemeinsames Zimmer mitunter für Zündstoff und gelegentlich fehlt dem einen oder anderen die Rückzugsmöglichkeit. Aber gewissen Streitereien kann man mit aufgestellten Spielregeln und kleinen Einrichtungstricks vorbeugen. Und kleine Reibereien, gemeinsames Zimmer hin oder her, kommen doch schließlich in den besten Familien vor.

Etagenbetten sind für Geschwisterzimmer praktisch: Sie sparen nicht nur Platz, man kann dort auch wunderbare Höhlen bauen.

PRIVATSPHÄRE Jedes Kind braucht seinen eigenen Bereich, der auch optisch klar zu erkennen sein sollte. Das kann zum Beispiel die Ecke sein, in dem das Bett steht und die durch einen kleinen Teppich davor noch vergrößert wird.

MÖBEL Zu dem eigenen Bereich sollte jedes Kind auch sein eigenes Möbel für persönliche Schätze bekommen, ein Nachttischchen oder Schränkchen.

TEILEN Wenn sich Bruder und Schwester ein Zimmer teilen, wählen Sie eine neutrale Basisfarbe. In den jeweiligen Bereichen können dann Kissen und Accessoires in den Lieblingsfarben der Kinder verteilt werden.

SYMMETRIE Eine gewisse Symmetrie sorgt für optische Ausgeglichenheit. Jedes Kind hat seine Lieblingsfarbe, die auch berücksichtigt werden sollte. Stellen Sie trotzdem eine einheitliche Basis in der Einrichtung zusammen, zum Beispiel zwei weiße Betten oder die gleichen Schreibtische, damit es später nicht zu unruhig wirkt.

Ein Zelt oder Papphaus bietet den Kindern auch im Wohnzimmer viele Spielmöglichkeiten. Danach kann man alles darin verstauen.

Kinder ecken

Natürlich dürfen sich Kinder nicht nur im Kinderzimmer aufhalten. Ganz von allein unterwandern sie schließlich die Wohnung und breiten sich ohnehin am liebsten da aus, wo auch Mama und Papa gerade sind. Deshalb sollte man ihnen außerhalb des Kinderzimmers ihre Areale zuordnen: feste Plätze in der Wohnung, in denen sich die Kinder wohlfühlen. Je klarer diese definiert sind, umso einfacher lässt sich dort Ordnung halten. Diese Bereiche können ganz unterschiedlich aussehen.

TISCHCHEN Kindergartenkinder lieben einen kleinen Tisch mit zwei Stühlen. In schlichtem Weiß integrieren sich die Miniaturmöbel wunderbar ins elterliche Interieur. Die Kinder haben so ihren festen Platz zum Malen, Puzzeln und Buchangucken.

KISTE Manchmal reicht eine Kiste mit Spielzeug, die den Kindern ihren Bereich aufzeigt. In diese Kiste wird im Wechsel immer das Spielzeug gepackt, was gerade beliebt ist. Das Aufräumen am Abend fällt dann gar nicht schwer.

TEPPICH Auf einem kleinen Teppich, der zur Wohnzimmer-Einrichtung passen sollte, fühlen sich die Kinder auch sehr aufgehoben. Die Kinder wissen, dass sie hier spielen können, und am Abend darf das angefangene Spiel dort liegen bleiben oder wird fix in eine Kiste gepackt.

SPIELHAUS Perfekt, vor allem für die Puristen unter Ihnen, ist ein Spielhaus aus brauner oder weißer Pappe. Damit können die Kinder tagsüber wunderbar spielen, und am Abend wandert das Spielzeug einfach ins Innere des Hauses.

KOCHECKE Die Küche ist oft der Lieblingsplatz der Kinder. Damit sie dort auch beschäftigt sind, stellen Sie ihnen einen kleinen Karton als Herd in die Ecke. Die Herdplatten sind einfach aus schwarzem Karton geschnitten und aufgeklebt.

STILLECKE Haben Sie ein Baby, wird der Sessel im Schlafzimmer zur festen Still- oder Fütterstation. Mit einer weißen Decke oder Husse darüber, die waschbar ist, eignet er sich wunderbar für diese intensiven Momente und wird zu einem wichtigen Ort.

△ Ein farbiger Teppich im Wohnzimmer zeigt: Hier ist meine Spielinsel.

▷ Malen und basteln, da wo die Eltern sind – ein schlichter Kindertisch ist auch im Raum der Erwachsenen ein schönes Möbel.

10 FRAGEN AN *Alfredo Häberli,* Designer des Jahres 2009

1. Wie viele Sprachen sprechen Ihre Kinder?

Schwyzerdütsch und immer besser Deutsch, mit Luc habe ich die ersten 4 Jahren Spanisch gesprochen und dann leider sein gelassen, da die kleine Schwester Aline seine Welt durcheinander brachte. Die Kinder habe auch jetzt schon Englisch in der Schule.

2. Wann und wo trifft sich die ganze Familie?

Am Tisch, beim Frühstücken und Abendessen, dazwischen sind die Tage unterschiedlich geordnet.

3. Was ist typisch am Schweizer Familienleben?

Ich glaube, dass das Frühstücken etwas sehr Typisches ist (Dr. Birchermüesli ist schuld) oder Hefezopf am Sonntag. Sehr prägend sind unsere Ferien, die Wochen sind über das ganze Jahr verteilt: 2 im Winter, 2 im Frühling, 6 im Sommer, 2 im Herbst und dann Weihnachten bis Neujahr – so ist immer etwas los! Auch typisch ist das Schweizer Bank-Konto, das hat man schon als kleines Kind.

4. Wie halten Sie es mit Tischmanieren?

Ich bin mit Restaurant und Hotel aufgewachsen und zum Glück sind auch bei der Familie meiner Frau Tischmanieren wichtig! Ich finde es wichtig und Teil unserer Kultur zu wissen, wie und wo das Geschirr geordnet wird und was für Manieren am Tisch respektiert werden sollten. Von klein auf. So ist es auch wichtig, dass es eine Kultur des Erzählens und des Zuhörens am Tisch gibt. Aber auch des Mithelfens im Haushalt.

5. Was vermissen Sie am meisten, wenn Sie nicht zu Hause sind?

Manchmal ist der Alltag mit den Kindern schon anstrengend und doch, ist man ein paar Stunden weg, dann vermisst man sie! Das überrascht mich immer wieder. Ich vermisse die liebevolle Begrüßung, wenn ich die Türe aufmache. Doch warten wir, bis das pubertäre Alter losbricht.

6. Klar verändert ein Kind das Leben. Ändert es auch das Wohnen?

Ja, man ist nie mehr nur zu zweit und bestimmt die Einrichtung! Es wurde an Möbeln oder Gegenständen nicht allzu viel verändert, wir haben auch nicht die fragilen Leuchten ausgewechselt oder die Bücher weggeräumt! Wir glauben, Kindern müssen den Umgang und die Handhabung mit Objekten lernen, kleine und große. Das Einzige, was wir schauen müssen, ist, dass sie nicht alle sieben Zimmer für sich beschlagnahmen. Es gibt Flächen im Haus, die „neutral" sind, da werden keine Kinderspielzeuge installiert.

7. Inwiefern entwerfen Sie Dinge für Kinder anders als Gegenstände für Erwachsene?

Natürlich die Größe, die Dimension, aber ich finde Kinder oft viel intuitiver, sensibler und intelligenter als wir Erwachsenen. Kinder waren schon immer für mich „kleine" Erwachsene. Bei all meinen Projekten für Kinder habe ich versucht, nicht immer logisch zu sein, über die Gestaltung Fragen zu stellen oder nur Anregen. Die Lösung oder die Art der Benutzung muss man Kindern nicht erklären, sie finden es schon heraus.

8. Was ist Ihr Lieblingsort in Ihrer Wohnung?

Die Küche. Sie bleibt Seele des Hauses.

9. Sind Sie auch zu Hause der Designer? Oder wer hat das letzte Wort bei Einrichtungsfragen?

Ich lebe mit meiner Frau Stefanie seit 20 Jahren, von Anfang an war es eine Einrichtung, die mehr mit Collage zu tun hat als eine Einrichtung aus dem Prospekt, Ton-in-Ton. Es ist auch kein Designer-Haus, alles nur „Häberli". Der Mix ist unumgänglich und ständig in Veränderung. Es ist aber auch mir sehr wichtig, Prototypen, Objekte von Design-Freunden um mich zu haben, weil ich sie gern hab, weil mich die veränderte Ausstrahlung über die Zeit interessiert. Und damit gibt es nur eine Möglichkeit, damit leben.

10. Welche Nation geht in Ihren Augen am Schönsten mit Design im Alltag um?

Die Skandinavier (Dänen und Schweden).

Freiräume schaffen

Platz für das Leben

Ist die Umgebung, in der wir wohnen, schlicht und aufgeräumt, fällt es oft leichter, klare Gedanken zu fassen.

Eine Wohnung kann noch so schön dekoriert, Möbel und Farben können noch so harmonisch aufeinander abgestimmt sein – wenn sie jedoch nur hübsch aussieht, aber dem Alltag nicht standhält, ist sie besonders für Familien untauglich. Ob es allzu zerbrechliche Dekoration ist, um die man sich ständig beim unkontrollierten Spiel der Kinder Sorgen macht oder die für die Kinder eine Verletzungsgefahr darstellen. Oder ob es Dinge sind, die im Weg stehen, zu wenig Stauraum in der Wohnung, der den reibungslosen Ablauf im Alltag behindert. Überflüssige Gegenstände, die man nicht mehr braucht, veraltete Technik, die schon längst einen Nachfolger hat, machen es schwer, Tag für Tag Ordnung zu halten. Es spricht nichts dagegen, an geliebten Wegbegleitern und Erinnerungsstücken festzuhalten. Unnötiger Ballast jedoch, den man von einer Kiste in die nächste räumt, der aber viel zu selten zum Einsatz kommt, erschwert das Leben und engt uns ein.

Ordnung ist eine der großen Herausforderungen des Familienlebens. Mit Aufräumen verbringt man trotz Putzhilfe viele Stunden in der Woche. Unaufgeräumte Zimmer und ordnungsresistente Kinder sorgen gern mal für Reibereien in der Familie. Manchmal hat es gar nichts mit der vermeintlichen Starrköpfigkeit der Kinder zu tun. Sie als Erwachsener sollten die Grundlage für die Übersichtlichkeit in der Wohnung schaffen. Klare Verhältnisse erleichtern allen das Ordnunghalten, sorgen somit für mehr Zeit im Familienleben, weniger Streit und schlicht und ergreifend für mehr Platz in der Wohnung.

◁ Diese bunten Gummienten kommen erst richtig zur Geltung, wenn sie gebührend präsentiert werden.

▽ Wer viele Schuhe hat, sollte auch die Übersicht über sie behalten. Das gilt auch für Handtaschen.

Regale für Taschenbücher, Videokassetten und DVDs
können ruhig ein bisschen schmaler ausfallen.

Ausmisten, Ordnung, Stauraum – Strategien zum Aufräumen

Um eine gewisse Übersicht über die alltäglichen Dinge, das eigene Hab und Gut zu behalten, sollten Sie in regelmäßigen Abständen ausmisten. Das ist bei einer Familie noch nötiger als in Singlehaushalten. Denn das Leben und somit auch die Anforderungen, Spielgewohnheiten und Interessen der Kinder ändern sich in einem rasanten Tempo. Dingen, die gestern noch geliebt waren, wird heute keine Aufmerksamkeit mehr geschenkt. Spiele, die vor ein paar Monaten noch stundenlang gespielt wurden, sind längst viel zu langweilig geworden.

Natürlich müssen Sie sich nicht von all dem verabschieden, das nicht unbedingt das Leben vereinfacht oder das Sie an einen bestimmten Lebensabschnitt oder einen wichtigen Menschen erinnert. Diese Dinge verleihen Ihrer Wohnung ja auch den besonderen Charakter. Die Rede ist von Gegenständen, die niemand mehr braucht und die jetzt nur noch Platz fressen und überflüssig geworden sind. Denken Sie nicht mit zu viel Wehmut an die Dinge, die mal wichtig waren, und hängen Sie nicht zu sehr an der Vergangenheit. Freuen Sie sich auf die Bereinigung Ihres Wohnraums, auf die klaren Verhältnisse und machen Sie aus der Ausmist-Aktion ein Event: Sind die Sachen, die Sie oder Ihre Kinder nun loswerden möchten, in einem guten Zustand, verkaufen Sie sie auf dem Flohmarkt. Das hat den Vorteil, dass es einen festen Termin gibt und Sie gezwungen sind auszumisten. Das Verkaufen macht den Kindern Spaß und mit dem eingenommenen Geld können Anschaffungen gemacht werden, die der ganzen Familie zugutekommen. Wenn Sie zu den Sammlern gehören, die sich nur schwer von Gegenständen trennen können, tricksen Sie sich selbst aus: Alte Haushaltsgeräte und alles andere, das Sie nur schwer loslassen können, parken Sie vorerst in einer Kiste auf dem Dachboden. Wenn Sie den Inhalt ein Jahr lang nicht vermisst haben, kann er wirklich weg und dann fällt es Ihnen sicherlich auch leichter.

ALTE TECHNIK Technische Geräte, die nicht mehr funktionieren, können ohne Wenn und Aber entsorgt werden.

UNVOLLSTÄNDIGES Spiele, bei denen Püppchen und Spielkarten fehlen und die man deshalb nicht mehr spielen kann, wandern in den Müll.

STÜCK FÜR STÜCK Nehmen Sie sich beim Ausmisten immer einzelne Abschnitte vor und nicht zu viel auf einmal. Vermeiden Sie es, an mehreren Stellen gleichzeitig anzufangen.

KLEIDERSAMMLUNG Kleidung von Ihnen oder den Kindern, die kaputt ist – ab in den Müll! Ist sie unmodern, wandert sie zur Altkleidersammlung.

UNTERSTÜTZUNG Fällt es Ihnen schwer auszumisten und loszulassen, dann machen Sie dies gemeinsam mit Ihrem Partner oder einer Freundin. Die sehen die Dinge oft kritischer.

KELLERLEICHEN Gegenstände, die schon bei drei Umzügen mitgeschleppt wurden, können auf den Recyclinghof.

◁ Kinder brauchen viel Platz und freie Fläche zum Spielen.

▷ Eine Schrankwand mit geschlossenen und offenen Fächern bietet Stauraum für die ganze Familie. Bitte nur nicht im Gelsenkirchener Barock!

Strukturieren und Ordnung halten

Sind überflüssige Sachen erstmal ausgemistet, Schränke und Kisten neu sortiert und hat sich bei dieser Aktion Vermisstes wiedergefunden, fällt es einfacher, die gewünschte Ordnung für die nächste Zeit beizubehalten. Wie schön ist es, plötzlich wieder mehr Platz zu haben für die wirklich wichtigen Dinge des Lebens. In diesem Stadium kann man ganz gut beobachten, wer die Ordnungsgegner sind: Sind es einzelne Personen? Sind es desinteressierte Kinder oder Dinge, die einfach an der falschen Stelle untergebracht sind? Oder sind es unübersichtliche Schränke?

Um eine klare Sicht über die Dinge zu behalten, ist es natürlich auch bei dem leidigen Thema Ordnung wichtig, Spielregeln aufzustellen, die für alle Familienmitglieder gleichermaßen gelten.

Spielend lernen Kinder, in ihren eigenen vier Wänden Ordnung zu halten.

Viele Haken für viele Jacken – ein Familienflur, der aufgeräumt und einladend ist.

NACHEINANDER Ob im Kinderzimmer oder Wohnzimmer – bringen Sie Ihren Kindern bei, die Legosteine erst wegzuräumen, bevor sie das Puzzle auspacken.

KLAPPE ZU Geschlossene Stauräume sind gefällig. Das Innenleben darf kurzzeitig auch mal chaotisch sein. Geschlossene Schränke sorgen zudem für eine optische Ruhe.

TRANSPARENZ Transparente Kisten in den Schränken sind übersichtlicher als Pappkartons.

KLEIN UND FEIN Kleine Kisten im Ordnungssystem sind übersichtlicher als große. Meist muss man die ganze Kiste durchforsten, bevor man das findet, was man sucht.

GRIFFBEREIT Dinge, die oft gebraucht werden, sollten leicht erreichbar sein. Die, die Sie nicht so oft brauchen, können auch auf dem obersten Regalbrett stehen.

NISCHEN Nutzen Sie den Raum unter dem Bett oder auf Schränken.

RESERVIERUNG Geben Sie den Dingen einen festen Platz. Dann fällt die Zeit, nach gewissen Sachen zu suchen, immer kürzer aus.

STANDORT Bringen Sie Zeugs dort unter, wo es auch meistens gebraucht wird: Mützen und Handschuhe bei den Jacken in der Nähe der Wohnungstür, Handtücher im Badezimmer, Waschmittel bei der Waschmaschine usw.

RITUALE Sicherlich kann man es nicht immer einhalten, dennoch: Versuchen Sie abends, bevor die Kinder ins Bett gehen, ein festes Aufräum-Ritual einzubauen. Das zeigt den Kindern, dass die Spielzeit vorbei ist und läutet gleichzeitig Ihre kinderfreie Zeit ein. Außerdem ist es schöner, in einer einigermaßen aufgeräumten Wohnung aufzuwachen.

KLEINE AUFGABEN Sind die Kinder älter, können sie auch schon mit einzelnen Aufgaben und einem eigenen Verantwortungsbereich betraut werden. Einer bringt den Müll runter, der andere reinigt das Waschbecken usw.

ABLAGE In jedem Haushalt gibt es Kruschecken, in denen sich unerledigte Post findet. Zwingen Sie sich, an einem festen Termin diese Ablageorte zu ordnen und Rechnungen zu bezahlen.

Work-Life-Balance

Ja, meistens ist es wunderbar, Kinder um sich herum aufwachsen zu sehen und das lebendige Leben mit seinen Höhen und Tiefen in der Familie zu genießen. Aber die Romantik kann ganz schnell zur Farce werden, wenn beide Eltern arbeiten und ein Kind oder man selbst krank wird. Auch für allein erziehende Mütter oder Väter grenzt dann eine Arbeitswoche an akrobatische Höchstleistungen, wenn sie zudem noch alles mehr oder weniger allein bewältigen müssen.

Im vollgepackten Familienleben fühlt man sich manchmal wie im Hamsterrad, in dem man gar nicht mehr zum Durchatmen kommt. Wenn sich dann auch noch die Tagesmutter den gleichen Magen-Darm-Virus eingefangen hat, der schon Ihre kleine Tochter an den Eimer gefesselt hat, Ihr Mann geschäftlich unterwegs und die Oma verreist ist, wird es brenzlig. Zu allem Übel noch Stress im Job, das schlechte

Wie schön ist das Leben mit Kindern! Manchmal jedoch kostet die Familienharmonie viel Kraft und Disziplin.

Gewissen, das man immer mit sich herumträgt, dem Chef und der Familie gegenüber. Und jetzt die kranke Tagesmutter. Und wo bleiben Sie? In den letzten drei Tagen mussten Sie schon, anstatt in der Firma zu sein, Eimer halten und Bettlaken wechseln. Und im schlimmsten Fall müssen Sie damit rechnen, nach der Inkubationszeit von 46 Stunden selbst über der Kloschüssel zu hängen. Das sind Situationen, die mit Kindern gar nicht so selten sind. Da kann man nur auf einen verständnisvollen Chef hoffen, auf hilfsbereite Arbeitskollegen und zuverlässige Menschen um einen herum, die einem mental und praktisch unter die Arme greifen.

Das Gerede von der „Work-Life-Balance" und vom familienfreundlichen Job kommt einem in diesen Situationen sehr theoretisch vor, und man möchte wissen, ob die Macher dieser modernen Medienbegriffe eigentlich selbst schon Nachtschicht am Kinderbett geschoben haben. Tatsächlich aber gibt es ein paar Dinge, die man beachten kann, dass man von Viren und Ferien nicht komplett aus der Bahn geworfen wird. Die Harmonie und die Balance zwischen Familie und Büro wird immer ein Kunststück bleiben. Und vom schlechten Gewissen in diesen prekären Situationen kann man sich wahrscheinlich auch nie freimachen.

PESSIMISMUS Das klingt jetzt nicht besonders optimistisch, aber gehen Sie immer vom Schlimmsten aus: Liegt das eine Kind mit Fieber im Bett, rechnen Sie lieber damit, dass der Infekt auch bei dem zweiten nicht spurlos vorübergeht. Überlegen Sie jetzt schon, wer im Fall der Fälle auf den Sprössling aufpassen könnte, weil Sie dringend ins Büro müssen. Das beruhigt die Nerven. Und die Freude ist groß, wenn es dann doch nur bei dem einen Kind bleibt.

AUSSTATTUNG Seien Sie technisch und auch räumlich so ausgestattet, dass Sie im Notfall von zu Hause aus arbeiten können.

PAKT Suchen Sie sich Verbündete in der Firma. Wer arbeitet, sollte sich nicht nur für Arbeitsengpässe und Krankheitsfälle eine vertrauensvolle Vertreterin suchen, die bei Bedarf einspringt und der Sie im Gegenzug ebenfalls helfen können.

VORARBEIT In den heute meist knapp besetzten Büros ist das einfacher gesagt als getan: Aber wer ein bisschen vorarbeitet, kann den einen oder anderen Krankheitstag der Kinder besser kompensieren.

NOTFALLPLAN Sich in guten Zeiten schon um einen Notfallbabysitter kümmern. Wer auf Nummer sicher gehen möchte, organisiert auch noch die Vertretung des Notfallsitters.

FERIENCLUBS Kindergarten- und Schulferien sind für arbeitende Eltern oft eine harte Zeit. Mehr und mehr gibt es Einrichtungen, die darauf reagieren und sich um die Beschäftigung der Kinder während der Ferien kümmern.

Wer gut ausgestattet ist, kann im Notfall auch mal von zu Hause aus arbeiten.

Das Kleeblatt aus Familie – Partnerschaft – Ich – Freunden

Keine Frage, es gibt nichts Schöneres als eine Familie zu haben. Aber es gibt Tage, die sehen so aus:

Die Kleine ist schon seit 6 Uhr wach – schnell duschen und ein bisschen Aufräumen – um halb acht wird das zweite Kind geweckt. Reibereien am Frühstückstisch, weil Gummibärchen zum Frühstück Bauchschmerzen machen – Outfit-Differenzen, Sandalen sind Quatsch im Winter – Kinder und Laptop einpacken und bis zum Auto schleppen – Kinder in die Kita – arbeiten – Kinder abholen, die schon etwas schlecht gelaunt sind, weil müde – Geschrei im Auto – jetzt regnet es auch noch – die Kleine ist natürlich eingeschlafen, die Große will heute auch nicht laufen, Kinder also gestaffelt in die Wohnung tragen – spielen – Abendessen – Geschichte vorlesen und ab ins Bett.

Das klingt alles recht schrecklich und nach Abfertigung. Aber so ist es leider manchmal. Das Schlimme: Nach dem vollbrachten Tagwerk kann man noch nicht mal die Zeit allein oder zu zweit genießen, weil man vor lauter Müdigkeit nur noch faselt und erschöpft um Punkt acht auf dem Sofa einschläft. Und dann sind da noch Freunde, die sich beschweren, dass man nicht mal mehr Zeit für einen Kinoabend hat. Und die eigenen Eltern, die schon seit Wochen auf ein Lebenszeichen warten.

Wie kriegen das andere berufstätige Eltern auf die Reihe? Könnten die auch manchmal heulen vor Erschöpfung?

Dabei ist es so wichtig, dass sich die Eltern mal zurückziehen, die Batterien aufladen, den Feierabend mit Qualität füllen können. Sich aufraffen, auch wenn einem nur nach Schlafen zumute ist. Wie man das räumlich hinbekommt, haben Sie ja schon am Anfang des Buchs gelesen. Aber dieser Rückzug ist im übertragenen Sinne mindesten genauso wichtig. Nutzen Sie die Zeit, die Ihnen neben dem Beruf mit den Kindern bleibt, intensiv und besonders. Aber verordnen Sie sich selbst auch eine kinderfreie Zeit. Allein, mit Ihrem Partner und mit Freunden. Oder planen Sie bewusst Stunden ein, in denen es nur um Sie geht.

◁ Männer unter sich – Vater-Sohn-Gespräche müssen eben auch mal sein.

▷ Die Zeit mit den Kindern ist gerade bei berufstätigen Eltern kostbar. Packen Sie in die gemeinsamen Stunden soviel Qualität wie möglich.

QUALITÄT Damit Sie die knapp bemessene Zeit mit den Kindern intensiv verbringen können, drosseln Sie zwischendurch Ihren hausfraulichen Ehrgeiz und machen Sie in der Küche Klarschiff, wenn die Kinder im Bett sind.

MUT ZUR LÜCKE Legen Sie Ihren Perfektionismus gelegentlich beiseite. Sie haben es nicht geschafft zu kochen? Dann telefoniert man eben mal mit dem Pizzadienst.

URLAUBSPLAN Das klang vor ein paar Jahren vielleicht noch spießig. Planen Sie Ihren Urlaub langfristig, damit dem auch wirklich nichts im Wege steht und Sie ein Ziel haben, auf das sich die ganze Familie freut.

KEIN FREIZEITSTRESS Überfrachten Sie Ihre Freizeit nicht mit Verabredungen. Kinder genießen es, den halben Tag im Schlafanzug um Sie herumzuwuseln und nichts zu tun.

ABENDESSEN Gemeinsames Essen fördert die Gemeinschaft und ist wichtig für den Austausch innerhalb der Familie.

EINKAUFSZETTEL Auch Einkaufen ist zeitraubend. Planen Sie schon am Wochenende so ungefähr, was nächste Woche auf dem Speiseplan stehen soll, und schreiben Sie einen Einkaufszettel. Die meisten Sachen können dann mit einem großen Einkauf erledigt werden und man muss nicht für ein Paket Nudeln zum Supermarkt rennen.

Familie

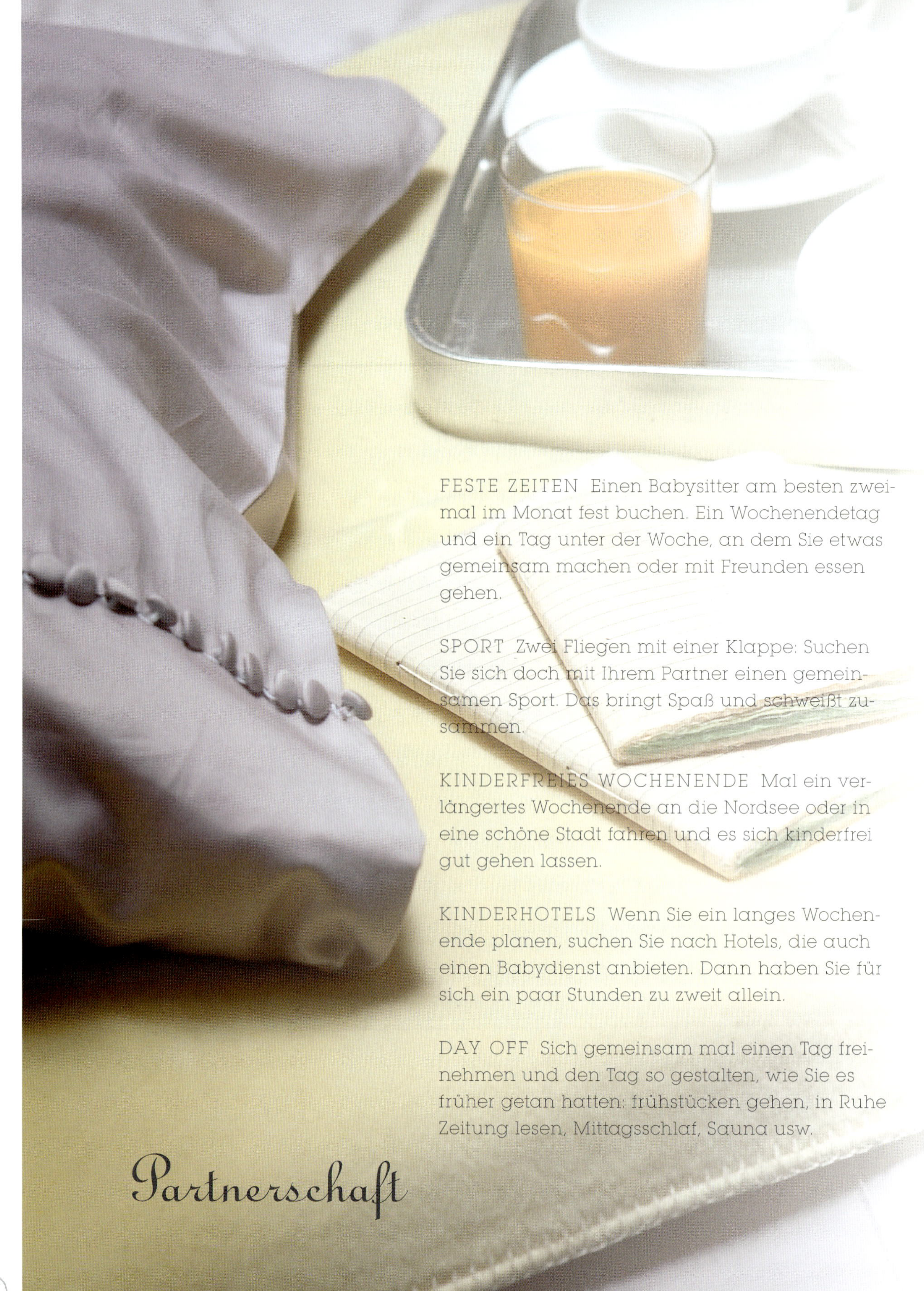

FESTE ZEITEN Einen Babysitter am besten zweimal im Monat fest buchen. Ein Wochenendetag und ein Tag unter der Woche, an dem Sie etwas gemeinsam machen oder mit Freunden essen gehen.

SPORT Zwei Fliegen mit einer Klappe: Suchen Sie sich doch mit Ihrem Partner einen gemeinsamen Sport. Das bringt Spaß und schweißt zusammen.

KINDERFREIES WOCHENENDE Mal ein verlängertes Wochenende an die Nordsee oder in eine schöne Stadt fahren und es sich kinderfrei gut gehen lassen.

KINDERHOTELS Wenn Sie ein langes Wochenende planen, suchen Sie nach Hotels, die auch einen Babydienst anbieten. Dann haben Sie für sich ein paar Stunden zu zweit allein.

DAY OFF Sich gemeinsam mal einen Tag freinehmen und den Tag so gestalten, wie Sie es früher getan hatten: frühstücken gehen, in Ruhe Zeitung lesen, Mittagsschlaf, Sauna usw.

Partnerschaft

Freunde

FESTE DATES Sich zu festen Terminen mit Freunden verabreden.

WOCHENENDE Sich für ein Wochenende mit Freunden ein Ferienhaus am See mieten.

VORSORGE An Abenden, die länger werden können, den Babysitter für den nächsten Morgen gleich mitbuchen.

AKTIONEN Besuche vom Zoo und von Freizeitparks mit Freunden machen doppelt Spaß.

Ich

ICH-TERMINE Vereinbaren Sie verbindliche Termine mit sich selbst und machen Sie einfach Dinge, die Sie gern mögen.

SCHLAFTAUSCH Wünschen Sie sich, mal wieder auszuschlafen? Am nächsten Wochenende ist dann Ihr Partner dran.

AUSPOWERN Lassen Sie den Sport nicht zu kurz kommen. Das sorgt für Ausgeglichenheit, die Sie im Familientrubel gut brauchen können.

GOODIES Belohnen Sie sich für anstrengende Phasen mit einem Frisörtermin oder einem netten T-Shirt.

FREIZEITTAUSCH Dealen Sie mit anderen Müttern: Mal nehmen Sie die Kinder der Freundin nach der Schule mit nach Hause und mal die Freundin. Dann haben Sie Zeit, in Ruhe eine kleine Shoppingtour zu machen oder es sich in der Sauna oder beim Sport gut gehen zu lassen.

LAUTLOS Stellen Sie in der Zeit, in der Sie allein sein möchten, auch mal das Handy ab. Wenn es wirklich wichtig ist, wird Sie der Anrufer auch nach Ihrer kurzen Auszeit erreichen.

Am Wochenende ist endlich Zeit, viele intensive Stunden miteinander zu verbringen. Kuscheln, spielen, toben und genießen – für jeden ist etwas dabei.

24 Stunden Familie

Der perfekte Tag

Was ist ein perfekter Tag mit der Familie? Die Antworten der Eltern und Kinder gehen bei dieser Frage denkbar weit auseinander. Und das beginnt bereits am frühen Morgen: Während die Kleinen schon putzmunter gegen 7 Uhr voller Tatendrang das Schlafzimmer stürmen möchten, wünschen sich die Eltern, endlich mal wieder auszuschlafen, gemütlich im Bett mit einer Tasse Kaffee die Zeitung zu lesen und den Tag langsam zu beginnen. Eine romantische Vorstellung, die mit Kindern eher eine Wunschvorstellung bleibt. Und trotzdem gibt es so etwas wie gemeinsame Berührungspunkte bei der Vorstellung von einem rundum gelungenen Familientag.

7 Uhr

Kinderzimmer – Schlafzimmer

DIE KINDER Der Nachwuchs wartet schon Stunden – gefühlte Kinderzeit – gut gelaunt und voller Energie, um das Schlafzimmer zu stürmen und ihrem Bewegungsdrang durch wildes Matratzenhüpfen freien Lauf zu lassen.

DIE ELTERN Mama und Papa hegen gerade die Hoffnung, dass die Kinder heute ausnahmsweise vielleicht ein Stündchen länger schlafen – sie waren gestern schließlich auch länger wach. Mit der Zeitung und einer Tasse Tee in Ruhe den Tag beginnen – diese Hoffnung zerplatzt ganz schnell wie eine Seifenblase.

DIE LÖSUNG Zuerst wird eine Runde gekuschelt. Arm in Arm planen Sie gemeinsam mit den Kindern den Tag. Anschließend lesen Sie zusammen Zeitung. In der Samstagsbeilage sind meist Kinderseiten eingebaut.

GRATISBLÄTTER Sammeln Sie die Gratismagazine verschiedener Ketten. Von der Apotheke gibt es „Medi & Zini"-Poster, von Salamander „Die Abenteuer von Lurchi" usw. – das perfekte Pendant für die Kinder zu Ihrer Zeitung.

9 Uhr

Bett

DIE KINDER Nahrungsaufnahme ist für Kinder Nebensache. Außer es gibt Schokolade mit Gummibärchen zum Frühstück. Viel lustiger wäre es, schon jetzt die Wohnung auf den Kopf zu stellen.

DIE ELTERN Am Wochenende ist Zeit, das Frühstück zu zelebrieren. Heißer Kaffee, frische Brötchen und schöne Musik.

DIE LÖSUNG Papa holt mit dem einen Kind die Brötchen, Mama bereitet mit der Unterstützung des anderen Kinds alles für das Familienfrühstück im Bett vor. Zur Feier des Tages gibt es für alle Cappuccino.

Am Wochenende starten alle gemütlich den Tag.

11 Uhr

Raus!

DIE KINDER Die Kleinen wollen bei schönem Wetter eigentlich nur auf den Spielplatz und ihre überschüssige Energie loswerden. Schaukeln, wippen, klettern, ein bisschen kicken und im Sand spielen.

DIE ELTERN Es wäre auch mal wieder schön, in die Stadt zu gehen und ein bisschen Geld für Klamotten oder CDs auszugeben. Und sich ein bisschen treiben zu lassen. Vielleicht noch einen Kaffee ...

DIE LÖSUNG Der Flohmarkt ist ein netter Kompromiss zwischen stressiger Innenstadt und dem nächsten Bolzplatz. Und die Kinder bekommen einen Euro in die Hand und dürfen auch auf Schnäppchenjagd gehen.

FLOHINFO Unter www.marktcom.de finden Sie deutschlandweit jeden Floh- oder Trödelmarkt. Die Märkte sind nach Postleitzahlen gegliedert und kurz beschrieben.

Nichts wie raus! Nach Herzenslust spielen und toben gehört für die Kinder zu einem perfekten Tag.

13 Uhr Küche

DIE KINDER Kinder wollen Pommes mit Ketchup oder am liebsten umgekehrt. Sie verstehen nicht, warum man sich zum Essen an den Tisch setzt.

DIE ELTERN Die Eltern fürchten, jetzt wieder lange in der Küche stehen zu müssen, um ein gesundes Mittagessen für die Kinder vorzubereiten.

DIE LÖSUNG Schnell eine Karotten-Kartoffelsuppe zubereiten. Das geht fix und sättigt.

Rezept Karotten-Kartoffelsuppe

(für 4 Personen)

2 Zwiebeln, 1 Knoblauchzehe schälen, fein hacken; 400 g Karotten, 250 g Kartoffeln schälen, in grobe Würfen schneiden; Butter in einem Topf erhitzen, Gemüse nacheinander andünsten; mit 1 l Gemüsebrühe aufgießen, aufkochen und köcheln lassen; mit Stabmixer fein pürieren, mit Salz und Pfeffer abschmecken.

ANGLERGLÜCK „Fischlis" machen jede gesunde Suppe zum Lieblingsessen. Einfach ein paar der Knabberfische in die Suppe geben – das mögen alle Kinder.

Halbzeit – beim gemeinsamen Mittagessen sitzt man zusammen am Tisch. Langsam kehrt ein wenig Ruhe ein.

15 Uhr Freunde treffen!

Essen unter freiem Himmel – jeder bringt mit, was er mag.

DIE KINDER Die Kinder wollen sich am liebsten mit ihren Freunden treffen. Spielen, toben und Fahrrad fahren. Eis essen, Cola trinken und noch ein Eis essen.

DIE ELTERN Die Eltern wünschen sich, auch mal wieder Zeit mit Freunden zu verbringen.

DIE LÖSUNG Treffen Sie sich mit einer befreundeten Familie, die auch Kinder im Alter Ihrer Kinder hat. Die Kinder können sich gemeinsam austoben und Sie sich endlich mal wieder mit Ihren Freunden austauschen. Vielleicht packen Sie den Picknickkorb ein und eine große Decke. Gehen Sie in den Wald oder in den Stadtpark oder auf den Abenteuerspielplatz.

Rezept Ketchup

1 kleine Dose passierte Tomaten durch ein Sieb geben, mit 4 El Olivenöl, 3 EL Essig, 2 TL Tomatenmark, 1 Zwiebel, 3 Knoblauchzehen in einem Topf ca. 20 Minuten köcheln lassen. Anschließend die Masse mit einem Pürierstab sämig rühren. Zum Schluss den Ketchup mit Zucker oder Honig und Salz abschmecken und in ein Einmachglas füllen. Der Ketchup hält sich im Kühlschrank ein paar Tage.

Rezept Senf-Remouladendip

1 hart gekochtes Ei und 5 kleine Gewürzgurken würfeln und mit 1 Bund Schnittlauch, 1 Tasse Quark, 1 Tasse Joghurt, 4 Tl scharfem Senf, 3 El Gurkensud (aus dem Gurkenglas) vermischen.
Am Ende mit Salz und Pfeffer abschmecken und in ein Einmachglas füllen.

MINISPIESSE MIT DIPS Bereiten Sie kleine Spieße aus Minifrikadellen, Kirschtomaten und Paprikastücken vor. Die Erwachsenen essen die Spieße mit einer pikanten Senf-Remoulade, die Kinder dippen in selbstgemachten Ketchup.

20 Uhr

Den Tag ausklingen lassen

DIE KINDER Müde? Von Müdigkeit ist natürlich keine Spur, schlafen gehen ist auch doof.

DIE ELTERN Ein anstrengender, aber toller Tag mit der Familie findet sein Ende. Es wurde viel gelacht, aber vor allem waren alle wieder beisammen. Die Krönung wäre, jetzt die Zweisamkeit zu genießen. Es wäre doch so schön, mal wieder ins Kino zu gehen.

DIE LÖSUNG Am Ende eines solchen Tags voller gemeinsamer Unternehmungen sitzt die ganze Familie beim Abendessen. Die Oma oder ein Babysitter passt für ein paar Stunden auf die Kinder auf, während Sie mit Ihrem Liebsten endlich mal wieder ins Kino gehen. Die Kinder schlafen – ohne großes Theater – geschafft und glücklich ein und träumen vom nächsten Wochenende und dem nächsten perfekten Tag mit der Familie.

NANNY-SERVICE Die Mary-Poppins-Agentur kümmert sich um Ihren Babysitter. In Gesprächen finden Sie gemeinsam mit der Agentur das richtige Kindermädchen für Ihre Kinder.
@ www.agenturmarypoppins.de

Eigentlich sind Kinder ja nie müde. Aber nach einem rundum schönen Tag werden sie zufrieden einschlafen.

Interview MIT Christian Skroch

Diplom Sozialpädagoge, Buchautor

Wie wichtig sind gemeinsame Essen in der Familie?

Gemeinsame Mahlzeiten sind ein wichtiger Bestandteil des familiären Zusammenlebens. Gerade wenn beide Elternteile arbeiten, ist es wichtig, dass es Zeiten gibt, zu denen alle Familienmitglieder zusammenkommen. Beim Essen sehen die Kinder wie und was die Eltern essen. Die Kinder probieren neue Speisen und lernen erste Tischmanieren. Dabei ist es jedoch nicht zwingend nötig, jeden Tag gemeinsame Mahlzeiten einzunehmen. Ein Sonntagsfrühstück kann zum Beispiel ein wertvoller Bestandteil des Familienlebens sein, da dies auch den Rahmen bietet, um gemeinsame Freizeitpläne zu machen und einander über die Geschehnisse der Woche zu berichten.

Welche festen Punkte braucht ein Kind in der Wohnung?

Es gibt nicht viele Möbelstücke oder Gegenstände, die für Kinder zwingend nötig sind. Wenn möglich, sollte jedes Kind sein Zimmer haben, in das es sich zurückziehen und die Tür schließen kann. An einem kindgerechten Tisch und Stuhl können Kleinkinder malen, basteln und Dinge ablegen. Wichtig ist außerdem ausreichend freier Raum im Zimmer, sodass zwei bis drei Personen Platz haben, um auf dem Boden Autos, Legos, Bauklötze und Playmobillandschaften aufzubauen. Der Zimmerboden ist für Kinder die Hauptspielfläche. Eine weitere Spielecke sollte den Kindern außerdem in Küche oder Wohnzimmer zumindest zeitweise zu Verfügung stehen, denn Kinder suchen häufig die Nähe der Erwachsenen und sind gern im Raum, wenn Mama oder Papa kochen oder im Wohnzimmer sitzen. Wichtiger als die Einrichtung ist jedoch die Gesamtatmosphäre, die in der Familie herrscht.
In einer freundlichen und liebevollen Umgebung fühlen sich Kinder geborgen und zu Hause.

Welche Rituale sind im Leben eines kleinen Kindes wichtig?

Welche Rituale wichtig sind, kann individuell verschieden sein. Wichtig ist aber, dass es überhaupt Rituale, also feste Handlungsabläufe gibt. Kinder verfügen (je nach Alter) über relativ wenig Allgemeinwissen über die Welt und sind oft unsicher, was von ihnen erwartet wird. Rituale und feste Strukturen erzeugen Handlungssicherheit und somit Selbstbewusstsein. Zu wissen „was als nächstes kommt", „was danach passiert" ist wichtig für ein Kind. Ausnahmen sollten jedoch auch möglich sein, die Handlungsabläufe sollten nicht so strikt und festgefahren sein, dass jede Abweichung das Kind völlig verunsichert.

Stichwort Chaos im Kinderzimmer – wie viel Spielzeug braucht ein Kind wirklich?

Über diese Frage lässt sich streiten. In der heutigen Konsumgesellschaft werden Kinder in der Tat teilweise mit Spielzeug regelrecht überhäuft – und äußern nicht selten, dass sie dennoch Langeweile haben. Woran liegt das?

Auch wenn Spielen eine natürliche Tätigkeit des Kinds ist, so müssen manche Spiele dennoch erst erlernt werden. Viel Spielzeug zur Auswahl zu haben ersetzt daher nicht das gemeinsame Spiel und die Anleitung, welche Erwachsene den Kindern durch Geschichten und über das Mitspielen vermitteln können. Erst dann erhalten die Spiele des Kinds einen Handlungsablauf, und aus dem langweiligen Hin- und Herrollen eines Autos wird plötzlich ein spannender Ausflug mit

Reifenpanne und Abschleppwagen.

Prinzipiell sollten Materialien für unterschiedliche Spielarten vorhanden sein. Dies bedeutet z.B. Legosteine und Bauklötze als Konstruktionsspielzeug, Stifte, Papier und Bastelmaterial, Rollenspielmaterial, wie z.B. Puppen, Kostüme, Puppengeschirr und dazu ein paar Autos, Tierfiguren, Bilderbücher und Spielzeug für draußen. Besondere Wünsche der Kinder, die sie über einen bestimmten Zeitraum mehrfach nennen, sollten ebenfalls berücksichtigt werden. Man sollte aber auch darauf achten, die Kinder anzuregen, Dinge, die sie zum Spiel benötigen, selbst herzustellen. Nach dem Motto „Der Weg ist das Ziel" ist das Zusammensuchen und Herstellen von Spielmaterial oft spannender für das Kind, als das eigentliche Spiel damit. Das steigert zudem die Kreativität und Wertschätzung.

Ist eine „Stille Treppe" (aus den „Nanny-Sendungen") bei der Erziehung wichtig?

Um ein soziales Zusammenleben in unserer Gesellschaft zu ermöglichen, muss ein Kind lernen, dass es Regeln gibt und diese einzuhalten. Es stellt sich zwangsläufig die Frage, welche Möglichkeiten dem Erziehenden bleiben, wenn das Kind trotz mehrmaliger Ermahnung, auch mit lauter Stimme, das Gebot missachtet oder beginnt, sich durch Brüllen oder sogar körperlich zur Wehr zu setzen. Welche Konsequenz bleibt dem Erwachsenen, wenn man einmal davon ausgeht, dass die meisten Menschen heutzutage glücklicherweise körperliche Züchtigung ablehnen? Hier bietet sich die „Stille Treppe" an, die gleich zwei wichtige Funktionen erfüllt: Erstens wird das Kind aus der Situation herausgenommen und dadurch verhindert, dass es zur Eskalation kommt. Zweitens wird dem Kind zumindest ermöglicht, einen Moment lang sein eigenes Verhalten zu reflektieren. Dies wiederum kann man allerdings, vor allem bei kleinen Kindern, nicht verlangen, stellt sich aber bei älteren Kindern tendenziell von selbst ein. Es muss natürlich auch nicht zwangsläufig eine Treppe sein. Die Treppe bietet sich jedoch an, da sie sich meist im Flur befindet, der wenig Ablenkung bietet. Eine Reflexion und Entspannung der Situation ist nur möglich, wenn das Kind zur Ruhe kommen kann und keine Störung oder Ablenkung erfährt. Wichtig ist außerdem, die „Stille Treppe" nicht mit langzeitigem Strafsitzen zu verwechseln. Kinder brauchen Grenzen, und diese Methode zielt darauf, dem Kind bei aggressivem Verhalten ganz deutlich zu zeigen, dass es auf diese Art nicht weiterkommt. Sobald sich das Kind jedoch beruhigt hat, sollte ihm auch sofort erlaubt sein, wieder aufzustehen, wenn es dies möchte. Ein „Schön, dass du aufgehört hast zu brüllen. Ich bin nicht mehr böse auf dich, aber was du eben gemacht hast, war nicht ok.", verbunden mit dem Hinweis, was das Kind stattdessen hätte tun sollen, ist genau so wichtig, wie die Auszeit auf der Treppe. Der Erwachsene muss dem Kind immer die Alternative des erwünschten Verhaltens aufzeigen, denn durch ein Verbot oder Strafe allein lernt das Kind nicht, wie es richtig handelt.

Wie bringt man dem Kind eine gewisse Ordnung bei?

Mit einfachen Regeln, z.B. dass man Spielzeug nur dann auskippt, wenn man damit auch spielen möchte und dass man etwas erst wegräumt, bevor man etwas Neues holt, kann man schon sehr frühzeitig beginnen, sodass das Kind diese einfachen Regeln verinnerlicht und sie zur Selbstverständlichkeit werden. Kinder dürfen aber in ihrem Zimmer ruhig ein wenig Unordnung haben, sodass Spielzeuge auf dem Boden liegen, denn schließlich spielen Kinder und dürfen auch Dinge aufbauen und stehen lassen. Ist es zu chaotisch, ist es an der Zeit aufzuräumen. Versuchen Sie es dem Kind schmackhaft zu machen. Legen Sie ein nettes Hörspiel oder eine lustige Musik ein oder machen sie ein kleines Spiel daraus (Sie helfen mit, wer räumt seinen kleinen Haufen zuerst weg?) oder Ähnliches. Seien Sie kreativ und nehmen Sie dem Aufräumen den Zwangscharakter. Dass man Kindern im Vorschulalter ein wenig helfen muss, lässt sich nicht vermeiden, denn sie müssen Ordnung erst lernen.

Inwiefern kann man Kinder schon in den Haushalt einbinden?

Vorschulkinder können nur wenige Aufgaben allein und selbständig erfüllen, aber sie können bei einigen Tätigkeiten einbezogen werden und diese mit den Eltern gemeinsam erledigen. Sie können Blumen gießen, die Haustiere füttern, den Tisch decken und abräumen.

Außerdem sollten sie frühzeitig lernen, dass sie selbst für ihr Spielzeug verantwortlich sind und dies nach dem Spielen wegräumen. Dies kann schon langsam geübt werden, sobald das Kind laufen kann. Im Grundschulalter können dann einfache Aufgaben wie die oben genannten selbständig erfüllt werden.

Haushalt

„Das bisschen Haushalt ist doch kein Problem ...“ – mit Kindern allerdings ein Dauerthema, das man gut organisiert angehen kann.

Wenn man Kinder hat, verbringt man laut Statistik die meiste Zeit mit dem Haushalt. Und hier wiederum nimmt die Küchenarbeit den größten Platz ein. Auf Rang zwei steht das Putzen – und an dritter Stelle kommen erst die Kinder selbst. Traurig, aber wahr. Umso wichtiger, sich diese Arbeiten zu Hause schlau einzuteilen und effektiv zu arbeiten.

Fakt ist, sind die Kinder klein, ist man eigentlich pausenlos mit Aufräumen und Putzen beschäftigt. Und das beschränkt sich nicht nur aufs Kinderzimmer. Die Energie und Euphorie, die Kinder zum Rausholen von Spielzeug und Auskippen von Mülleimern mobilisieren, können wir gar nicht aufbringen. Ein Rennen gegen die Zeit sozusagen.

Unter anderem aus diesem Grund sollte man die Kinder, wenn auch spielerisch, ganz früh schon mit in die tägliche Hausarbeit einbeziehen.

Das kann das gemeinsame Aufräumen der Legosteine oder das Putzen der eigenen Gummistiefel sein. Um Mithilfe beim Kochen und Backen brauchen Sie bei Ihren Kindern wahrscheinlich gar nicht zu betteln. Das macht den meisten sowieso Spaß.

Bei älteren Schulkindern kann das Spülmaschine ausräumen oder den Müll runterbringen zu den Haushaltspflichten gehören. Die Ordnung im eigenen Zimmer wird irgendwann zum Programm und leider auch zum leidigen Dauerthema.

GERUCH Unangenehme Gerüche in der Küche – nachdem Sie zum Beispiel Fisch gebraten haben – verschwinden, indem Sie einen Topf mit Wasser und einem Schuss Essig ein paar Minuten kochen lassen.

ABFLUSSFREI Das Abgießen des Kartoffelwassers hält den Abfluss frei. Also auch ruhig mal das Wasser in das Waschbecken im Bad abgießen.

WEISS Ein eingestreutes Päckchen Backpulver in die weiße Wäsche macht sie beim Waschgang weißer.

MIEF Unangenehme Gerüche aus dem Staubsauger beseitigen Sie, indem Sie ein Häufchen Waschpulver aufsaugen.

SPÜLMASCHINENFEST Auch verschmutztes Spielzeug aus Plastik oder Metall können Sie in der Spülmaschine reinigen.

KRITZELEIEN Geben Sie etwas Backpulver auf einen feuchten Schwamm. Durch sanftes Reiben lassen sich Buntstift und andere Farben von den Wänden entfernen.

Schnelle Haushaltstipps

REGENOUTFITS Verschmutzte Gummistiefel und Regenhosen sehen wieder wie neu aus, wenn Sie sie mit Reinigungsmilch säubern

SCHWARZE TÖPFE Angebrannte Speisen in Töpfen können Sie mit Waschpulver entfernen. Dazu den Topfboden mit Waschpulver bedecken, Wasser drauf und kurz aufkochen lassen. Nach dem Erkalten mit einem Schwamm säubern.

RADIERGUMMIS In Drogerien gibt es ein Set aus Radiergummis, mit denen Sie verschiedenste Arten von Schmutz von den unterschiedlichsten Materialien entfernen können.

Sicherheit im Haushalt

Immer wieder passieren Unfälle im Alltag, viele davon in der Wohnung. Einigen Risiken kann man mit kleinen Maßnahmen vorbeugen und schützt so Kinder und sich selbst vor schlimmen Folgen.

SICHERN Die Steckdosen in der ganzen Wohnung sollten vor allem in Haushalten mit kleinen Kindern mit einem Steckdosenschutz gesichert sein.

LEBENSRETTER Die Anschaffung und das Anbringen von Rauchmeldern in jedem Raum ist günstig und durchaus sinnvoll. Und kann mitunter Leben retten.

FENSTERRIEGEL Ein eingebauter Fensterriegel verhindert das unkontrollierte Öffnen der Fenster durch die Kinder.

TREPPE Ein Treppengitter schützt Kinder im Krabbelalter davor, die Treppe hinunterzustürzen.

ERSTE HILFE Wie auch im Auto, sollten Sie darauf achten, einen funktionstüchtigen Erste-Hilfe-Kasten an einem festen Platz im Haushalt zu deponieren.

SOS Notrufnummern wie Polizei, Giftzentrale usw. sollten immer sichtbar sein. Eine Liste der wichtigsten Telefonnummern ist am Kühlschrank oder auf der Eingangstür gut angebracht.

UNTER VERSCHLUSS Putzmittel aller Art und Medikamente für Kinder unzugänglich in abschließbaren Schränken aufbewahren.

FEST VERBUNDEN Regale im Kinderzimmer, aber auch in der übrigen Wohnung mit zwei Schrauben an der Wand befestigen. So kann das Regal nicht kippen, wenn sich Kinder etwas herausholen oder das Regal als Leiter benutzen.

LADEGERÄTE Lassen Sie keine eingesteckten Ladegeräte unbeaufsichtigt liegen und laden Sie Ihr Handy oder die Kamera so, dass sie für die Kinder nicht erreichbar sind.

STUFENLOS Möbel nicht so stellen, dass sie eine Aufstiegshilfe auf das Fensterbrett oder das Balkongeländer bilden.

Schöner Feiern

Vor ein paar Jahren noch ging es an Ostern und vor allem Weihnachten vornehmlich darum, alte Schulfreunde zu treffen. Man fuhr mit sehr viel Erwartung zu den eigenen Eltern, um die Feiertage mit Familie und Freunden zu genießen und sich köstlich von Mama bekochen zu lassen. Ein paar Tage einfach mal wieder nur Kind sein!

Heute haben wir unsere eigene kleine Familie und die traditionellen Feiertage bekommen eine ganz andere, neue Bedeutung. Wir freuen uns über glänzende Kinderaugen, die voller Erwartung vor dem geschmückten Weihnachtsbaum stehen, und über neugierige Fragen, die alles über den Osterhasen wissen möchten. Was für eine schöne Zeit! Es macht Spaß zu basteln, die Wohnung mit den Kunstwerken der Kleinen umzudekorieren und die Stunden mit fantasievollen Geschichten zu füllen. Und es ist immer noch schön, die alten Freunde aus der Schule zu treffen.

Schön, wenn sich überall in der Wohnung die hübschen Basteleien der Kinder finden.

◁ In den Herzen aus Gaze oder Transparentpapier stecken kleine Schokoherzen, rundherum zukleben oder zunähen.

◁ Dieses liebe Häschen ist aufgeklebt und darf auch noch über Ostern hinaus sitzen bleiben.

▽ Mit Basteldraht lassen sich ganz leicht kleine Osterhasen formen, die dann um die Servietten gewickelt werden.

▽ Mit einem weißen Pompon wird eine Papiertüte zum Osternest.

▷ Ein bunt gedeckter Ostertisch gefällt großen und kleinen Hasenfans.

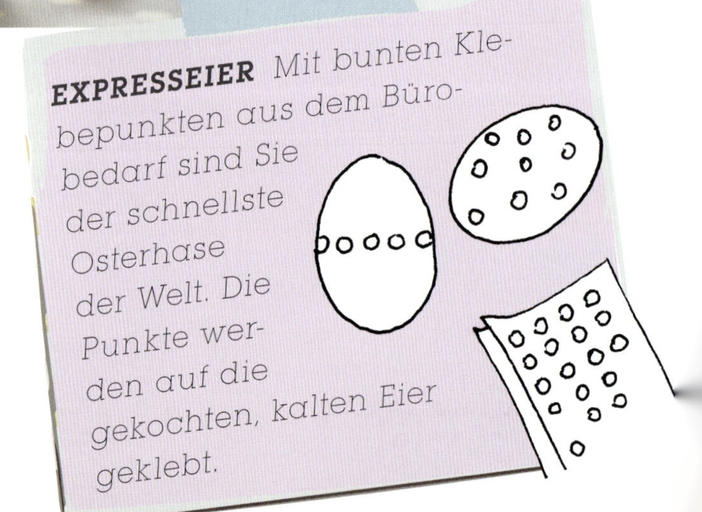

EXPRESSEIER Mit bunten Klebepunkten aus dem Bürobedarf sind Sie der schnellste Osterhase der Welt. Die Punkte werden auf die gekochten, kalten Eier geklebt.

„Kinder", spricht die Mutter Hase, „putzt euch noch einmal die Nase mit dem Kohlblatttaschentuch! Nehmt nun Tafel, Stift und Buch" – so heißt es in der „Häschenschule". Für Kinder und Erwachsene eine Pflichtlektüre übrigens.

Ostern ist ein wunderbares Fest! Große Sträuße mit Tulpen und Narzissen stehen in der Wohnung. Mit ihren knalligen Farben und ihrem frischen Duft bringen sie endlich den lang ersehnten Frühling.

Alle sind gespannt, wo der Osterhase in diesem Jahr die Nester versteckt, es wird gebastelt und gebacken und es werden jede Menge Schokoeier vernascht.

Ostern – ein Fest für kleine Hasen

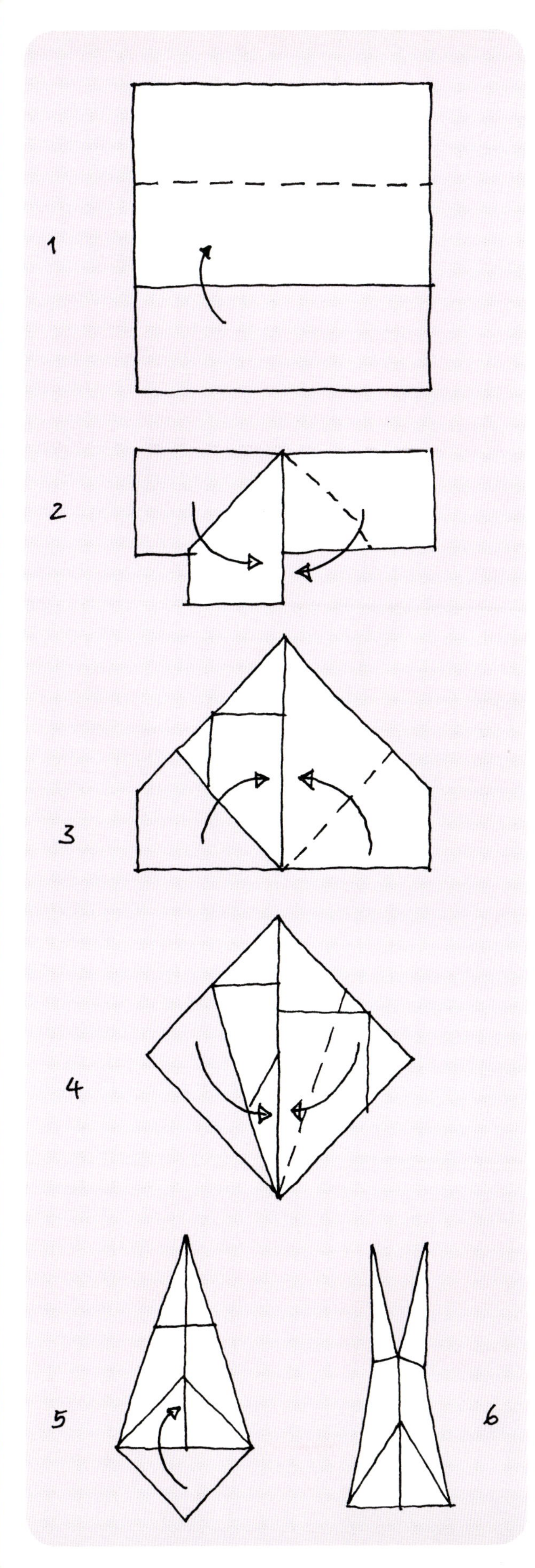

Ostertisch

Bunt gedeckt – zum Osterbrunch ist die ganze Familie eingeladen.

Anleitung für Hasen-Servietten

1. Das untere und obere Stoffdrittel so nach innen zusammenfalten, dass sie über dem mittleren Drittel liegen.

2. Die oberen Ecken links und rechts nach unten und zur Mitte legen und kniffen. Die waagerechte Stoffkante liegt jetzt senkrecht und die senkrechten Außenkanten waagerecht über der unteren Stoffkante. Die gefaltete Form ähnelt einem Zelt.

3. Jetzt die unteren Ecken links und rechts nach oben zur Mitte falten. Die untere Stoffkante liegt senkrecht in der Mitte.

4. Die Seitenspitzen links und rechts zur Mitte klappen und fest andrücken.

5. Die gesamte Serviette um 180 Grad drehen und wenden. Nun die untere Spitze gerade hochklappen und falten.

6. Entlang der senkrechten Mittellinie den Stoff so nach hinten klappen, dass die eine Stoffecke am unteren Rand mit der anderen Ecke zusammengesteckt werden kann. Dafür bildet sich beim Klappen eine taschenähnliche Öffnung.
   Alternative: Die Ecken mit einer Stecknadel zusammenhalten. Zuletzt die Ohren in Form ziehen.

△ Rot und Weiß sind die Klassiker unter den Weihnachtsfarben.

△ An einem Kranz aus Zweigen sind kleine Pakete befestigt, die die Zeit bis zum 24. Dezember verkürzen.

◁ Weihnachtsgrüße aus Filz. Die ausgeschnittenen Tannenbäume werden mit Kleber auf Fotokarton befestigt.

Weihnachten – Ihr Kinderlein kommet ...

Ein gefüllter Adventskalender, knusprige Lebkuchenhäuschen, ein funkelnder Tannenbaum und nicht zuletzt die Geschenke machen den Dezember für Kinder zur schönsten Zeit des Jahres. Bei den Eltern stellt sich erst kurz vor dem 24. die Besinnlichkeit ein, wenn alle Geschenke besorgt, die Wohnung dekoriert und die Feiertage geplant sind. Aber wenn man dann nach getaner Arbeit und stressigen Tagen zur Ruhe kommt und es sich mit Tee und Gebäck gemütlich macht, und vielleicht sogar ein bisschen Schnee rieselt, gibt es nichts Schöneres als die genüsslichen Tage mit den Lieben.

△ Unterschiedliche Säckchen, die einfach an der Türklinke hängen, sind ein besonders lässiger Adventskalender.

◁ Die gemusterten Tüten dieses Adventskalenders sind an einer Schnur befestigt.

◁ Schön festlich! Die Stumpenkerzen und Vögel werden entlang einer Girlande auf dem Tisch verteilt. In die Porzellantassen wird heißes Wachs gegossen und ein Docht hineigesteckt – fertig ist die Kerze.

Ein Tag voller Überraschungen.
Kinder können es kaum erwarten,
ein Jahr älter zu werden.

Kindergeburtstag

Happy Birthday

In den ersten drei Jahren ist es wohl eher so, dass die Eltern sich zu den Geburtstagen ihrer Kinder die Leute einladen, die sie selbst gern sehen würden: Kinder mit ihren Mamas und Papas, die sie noch aus Krabbelgruppentagen kennen, und die eigenen Freunde, die eine enge Beziehung auch zu den Kindern haben. Omas und Opas dürfen natürlich auch nicht fehlen.

Spätestens aber wenn die Kinder im Kindergarten sind, suchen sie sich selbst die Freunde aus, mit denen sie ihren Festtag gern feiern möchten.

Die Geschenke spielen an einem solchen Tag eine wichtige Rolle, aber es geht auch darum, den eingeladenen Gästen einen abwechslungsreichen Tag zu bescheren – einen Tag voller Spiele, Bastelaktionen und süßen Naschereien.

△ Schulkinder beschriften ihren Becher und das Pappherz mit ihrem Namen selbst. Das Herz wird anschließend mit einem Stück doppelseitigem Klebeband am Strohhalm befestigt.

▷ Die Einladungskarten werden ein bis zwei Wochen vorher verteilt. In kleine Klappkarten zwei Schlitze schneiden und das ausgeschnittene Stück nach innen falten. Das Geburtstagskind malt auf etwa 6 x 6 Zentimeter große Pappkärtchen kleine Motive. Die Kärtchen werden innen auf die untere entstandene Lasche geklebt, sodass sich die Karte gut zusammenklappen lässt.

- Aus mit Gas befüllten Luftballons können die Kinder bunte Tiere basteln. Ohren, Schnäbel und Schnauzen werden aus Tonpapier ausgeschnitten und mit doppelseitigem Klebeband auf die Ballons geklebt. Augen und Nasen werden mit wasserfestem Filzstift aufgemalt.

- Ein üppiger Geburtstagskuchen darf auf keinem Kindergeburtstag fehlen.

- Fingerfood für die Kleinsten ist in bunten Plastikschalen verteilt.

- Knallbonbon – Naschzeug in schmale Tonpapierstreifen einrollen, mit Klebeband fixieren, das ganze mit buntem Geschenkpapier umwickeln und die beiden Seiten zu einem Bonbon verschnüren.

- Jedes Kind bekommt eine Angel, die aus einem Holzstab, einer Schnur und einem kleinen Magneten besteht. Die Fische schneiden die Kinder selbst aus Tonpapier aus, malen sie an und versehen sie mit einem kleinen Metallstück. Wer die meisten Fische angelt, ist der Gewinner. Alle Zutaten für dieses Spiel bekommen Sie im Bastelladen.

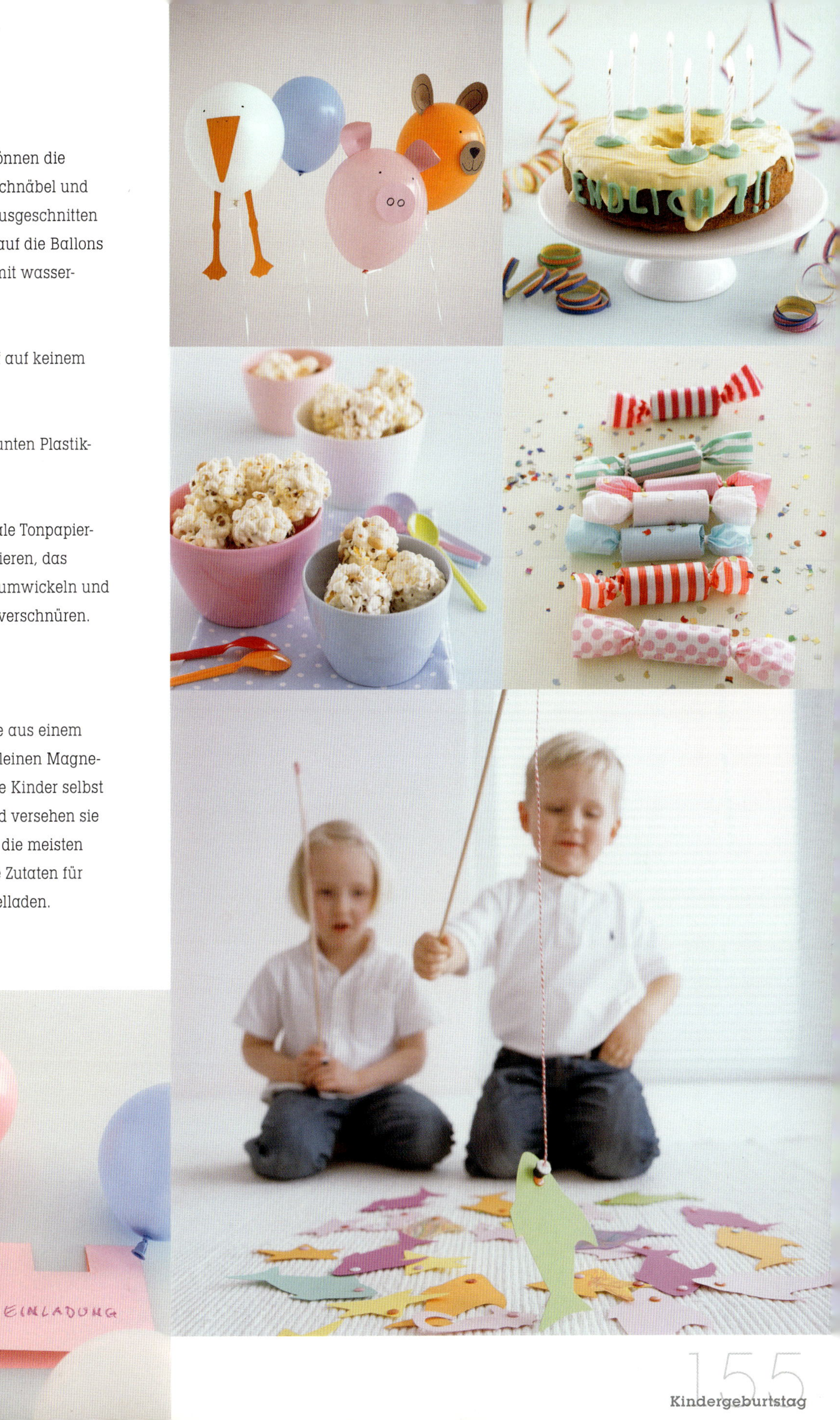

Vor allem Mädchen lieben Schmetterlinge! Aus Tüll lassen sich schnell leichte Röckchen nähen, die Flügel werden aus festem Fotokarton ausgeschnitten und mit farbigen Punkten beklebt. Das können die Kinder gut selbst machen. Durch jeweils zwei Schlitze wird pro Seite ein Gummiband gezogen und verknotet. So können sich die Kinder die Flügel wie einen Rucksack über die Schultern hängen.

Schmetterlingsfest – ein Fest mit geflügelten Freunden

△ Bei einem Schmetterlingsgeburtstag dürfen bunte Blüten nicht fehlen. Die werden aus Stoffservietten gezupft und mit Geschenkband über die Stühle gehängt.

△ Feder-Schmetterlinge in verschiedenen Größen bekommen Sie im Dekoladen. Die kleinen werden auf ein Flügelpaar aus Tonpapier geklebt und mit doppelseitigem Klebeband an den Strohhalmen befestigt.

△ Die größeren Schmetterlinge landen überall auf der Papiertischdecke. Ihre Flugbahn wird mit einem dicken Filzstift auf die Tischdecke gezeichnet.

▷ Als kleines Abschiedsgeschenk werden bunte Lollies durch einen Schlitz in einen Filz-Schmetterling gesteckt.

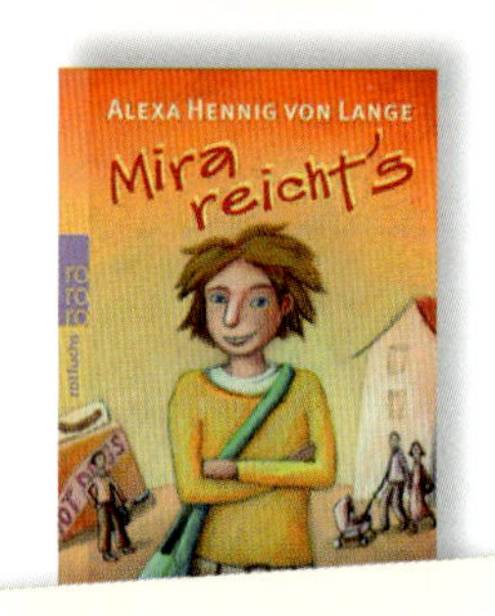

1. Wann und wo schreiben Sie?

Ich arbeite, sobald mein Sohn und meine Tochter in der Schule sind. Oder am Abend, wenn sie im Bett liegen. Meistens sitze ich mit meinem Laptop im Wohnzimmer am Esstisch oder auf dem Sofa. Nur selten im Arbeitszimmer, da ich die Angewohnheit habe, während des Schreibens Staubzusaugen oder andere Hausarbeit zu erledigen, um die Geschichten im Kopf weiterzuentwickeln.

2. Hat sich an Ihrem Wohnstil, seit Sie Kinder haben, etwas geändert?

Nein, eigentlich nicht, außer, dass an den Wänden Unmengen von gerahmten Kinderzeichnungen hängen und überall Filzstifte herumfliegen.

3. Was halten Sie von Tischmanieren?

Ich finde es ziemlich nützlich, wenn Kinder wissen, dass nicht einfach losgespachtelt wird, sobald das Essen auf dem Tisch steht, wie man die Serviette benutzt, dass man den Mund beim Kauen zumacht, das Essen nicht in den Händen knetet und oder mit den Armen den Teller umschlingt..

4. Gibt es ein Möbelstück in Ihrer Wohnung, das für Ihre Kinder tabu ist?

Na ja, sie sollen nicht auf dem Sofa herumspringen oder Kakao darauf trinken. Und an meinen Schreibtisch soll auch niemand gehen, weil ich da die Hausapotheke aufbewahre. Grundsätzlich versuche ich aber, meinen Kindern einen gewissen Respekt vor Möbeln beizubringen.

5. Welches Buch lesen Sie Ihren Kindern am liebsten vor?

„Wo die wilden Kerle leben" mag ich sehr. Das erinnert mich an meine eigene Kindheit und an den Teppich bei uns im Wohnzimmer, auf dem ich beim Lesen lag.

6. Ein verregneter Sonntag. Wie sieht der bei Ihnen aus?

Die Kinder malen oder basteln, ich räume auf und dann hören wir Musik und mein Sohn tanzt. Er ist ein leidenschaftlicher Tänzer. Hugh Grant ist sein großes Vorbild.

7. Welchen Spruch aus Kindertagen, den Sie nie sagen wollten, sagen Sie doch?

„Zieh dir bitte Socken an", „Räum dein Zimmer auf" und „Schalt das Licht aus".

8. Können Sie es genießen, wenn Sie mal keine Familie um sich herum haben?

Einen Tag halte ich das ganz gut aus, aber dann fange ich auch schon mit den Selbstgesprächen an.

9. Gibt es Möbel oder einen Gegenstand, den Sie sich erst leisten, wenn die Kinder aus dem Gröbsten raus sind?

Nein. Meine Kinder sollen ja lernen, mit Dingen behutsam umzugehen, um sie nicht zu zerstören.

10. Empfinden Sie Ihren Beruf als familienfreundlich?

Absolut. Ich wollte immer Kinder haben und ich wusste, mir bleibt praktischerweise gar nichts anderes übrig, als zu schreiben. So wie mein Leben jetzt ist, habe ich es mir immer gewünscht. Es war dennoch ein ziemlich holperiger Weg hierher.

cbt

10 FRAGEN AN Alexa Hennig von Lange

Schriftstellerin

Haben Sie auch eine absolute Lieblingszeichnung Ihres Kindes? Dann machen Sie doch eine kunstvolle Serie daraus. Im Copyshop das Motiv auf verschieden farbige Papiere kopieren, einrahmen und als großes Tableau an die Wand hängen.

Verrückt, was Kinder im Laufe der Zeit an großen und kleinen Bildern malen, mit welchen Materialien sie basteln und schnippseln, was sie aufeinander- und zusammenkleben. Es entsteht vieles, was dann nach einiger Zeit im Altpapier landet. Unter den Bildern sind aber auch jede Menge echter Kunstwerke, die gesammelt werden. Und die tollsten werden in der Wohnung ausgestellt, weil sie viel zu schön sind, um in der Schublade zu verstauben.

KLIPPGALERIE Mit großen Binderklipps können Sie die kleinen Kunstwerke präsentieren. Am besten vorher ein stärkeres Papier dahinter kleben.

◁ Erinnerungsstück fürs Büro. Die Sonne wird im Copyshop mit einem Transferverfahren auf die Tasse gebracht.

▷ Auftragsarbeiten. Wenn Ihnen eine Wand zu nackt vorkommt, beauftragen Sie doch einfach Ihre Kinder, sich für diesen Platz etwas auszudenken. Hier sind es zwei Türme geworden, die rechts und links die drei Bilder in der Mitte rahmen.

Finn

△ Bilderkästen wie diese haben eine Tiefe, in die Sie auch gebastelte Figuren hineinstellen können. Dieser Kasten findet im Regal als Buchstütze Platz.

◁ Pinnt man die Zeichnungen und Bilder um einen Türrahmen herum, entsteht nach und nach eine bunte Collage. Ältere Bilder können dann auch mal durch aktuellere ersetzt werden, ohne dass eine Lücke entsteht.

Weitere Ideen um Kinderkunst schön zu inszenieren finden Sie unter www.SoLebIch.de/Unser-Nest

Reise fieber

Wann sind wir denn endlich da? – Die Frage kennen alle Eltern, und egal, was Sie darauf antworten, Ihrem Kind ist es garantiert zu lange. Ewig still sitzen und auf die langweilige Autobahn blicken, liegt den Kleinen einfach nicht. Trotzdem kann man den Kindern lange Autofahrten schmackhaft machen. Mit ein bisschen Vorbereitung und überlegtem Packen werden Kurztripps für die ganze Familie zu einem schönen Erlebnis.

Die Tasche vollgepackt mit Spielzeug, CDs und Reiseproviant. So kann die Reise losgehen.

MALBORD Ein Klippboard dient als Reisemalfläche. Einige Stifte werden einfach mit einer dünnen Schnur an dem Klipp befestigt. So kann garantiert kein Stift in die Sitzschlitze fallen.

Ist die Familie erstmal am Ziel angekommen, ist die lange Autofahrt schnell vergessen.

Reiseroute-Schnitzeljagd auf vier Rädern

Zugegeben, es kostet ein bisschen Zeit, sich eine Reiseroute inklusive Zwischenstopps und Sehenswürdigkeiten auszudenken. Aber auf einer langen Autofahrt sorgt es für Spaß und Abwechslung. Anhand einer Straßenkarte können Sie Städte, Burgen und Windradfelder entdecken. Eine Raststätte wird angefahren, um dort zu Mittag zu essen, eine andere ist für die nächste Eis- und Spielplatzpause eingeplant. Das übliche Autos-Zählen, Nummernschilder-Raten, CD hören oder Ich-sehe-was-was-du-nicht-siehst vertreibt zusätzlich Zeit.

▷ Mit diesem Ordnungshüter sind Spielsachen, Bücher und Trinkflasche immer griffbereit. Die Sitztasche ist schnell selbst genäht, man kann sie aber auch bei Spielzeugherstellern fertig kaufen.

Adressen

Ein Schaufensterbummel für Kleine und Große, Kinder und Erwachsene, für verspielte und ernste Leute, zur Inspiration und zum Nachmachen, zum Kaufen und Bestellen.

franck-fischer

www.moebelchen.de
Hier erhalten Sie hochwertige Kindermöbel und robustes Spielzeug. Geschmacklich ist für jeden Wohnstil etwas dabei.

www.okversand.de
Lustige Accessoires und merkwürdiges Spielzeug aus der ganzen Welt. Hier bekommen Sie zum Beispiel alte Schulplakate aus Indien.

habitat

www.nostalgieimkinderzimmer.de
Wie der Name schon sagt: Wer es gern nostalgisch und verspielt mag, ist hier genau richtig. Liebevolles für Kinder und Erwachsene.

www.kathkidston.co.uk
Von romantisch bis quietschig – hier gibt es alles, was kleine und große Mädchenherzen höher schlagen lässt: Accessoires, Kleidung und Stoffe.

www.greengate.dk
Greengate steht für den modernen Landhausstil. Punkte, Streifen und Karos bringen harmonische Farben in den Alltag.

www.rice.dk
Der Besuch lohnt sich: Die bunten Stickereien und farbenfrohen Accessoires machen einfach gute Laune.

www.herzallerliebst.de
Hier ist auch der Name Programm. Hübsche Sachen, die jedes Mädchen gern hätte.

www.markanto.de
Markanto bietet eine Auswahl an alten und neuen Klassikern – Design, das jeder kennt, und geheime Schätze. Einen Designerüberblick gibt's gratis.

engelundbengel

www.vitra.de

Vitra steht für Design. Viele der geschätzten Möbelklassiker gibt es hier, zwar ziemlich teuer, aber wunderschön.

www.muji.de

Zeitlose und praktische Dinge für zu Hause und unterwegs. Außerdem für Kinder ein paar ausgewählte Accessoires und Spiele aus Holz.

Taj, Wood, Scherer

www.jantuma.de

Wer es gern französisch verspielt und weiß mag, ist hier richtig. Romantische Accessoires, die an ein Ferienhaus in der Provence erinnern.

www.charlottas.de

Eine riesengroße Stoffauswahl mit ebenso vielen Borten und Bändern. Hier gibt es die tollen Stoffe der amerikanischen Textildesignerin Amy Butler.

www.octopus.de

Schlichte und erschwingliche Möbel zum Selberzusammenbauen, die in jeden Haushalt passen.

www.sebra.dk

Kindermöbel und Spielzeug, nicht zu romantisch, nicht zu modern – wie man sich das für seine Kinder und die Wohnung wünscht.

zoeppritz

engelundbengel

www.mebox.co.uk

Mit diesen schlauen und superpraktischen Kisten ist das Ordnunghalten auch in Großfamilien überhaupt kein Problem mehr.

www.engelundbengel.com

Von Käthe Kruse über Buggaboo bis Leander – vom Püppchen bis zum Bettchen für Marken-Fans gibt es hier Tolles, aber eben auch Teures.

www.atelierfuerfrottier.de

Was Andreas Linzner alles aus alten Handtüchern zaubert, ist beeindruckend. Seine Frottee-Elefanten und -Giraffen sind liebe Begleiter für Kinder.

www.car-moebel.de

Aus halbfertigen Möbeln kreieren Sie sich mit Farbe und Stoffen Ihr individuelles Unikat. Auch schöne Möbel für Kinderzimmer und Garten.

www.couverture.co.uk

Sehr ungewöhnliches Kinderspielzeug, das für Kinderhände fast zu schade ist und man selber gern besitzen möchte.

www.kleinundmore.de

Klassiker und die, die es werden wollen, bekommen Sie bei Klein und More. Hochwertiges Design für Erwachsene.

www.weissinweiss.de

Der Laden, der sich auf die Farbe Weiß beschränkt. Das Angebot zeigt, wie abwechslungsreich diese Farbe sein kann.

kvadrat

rice

Taj, Wood, Scherer

www.juriannematter.nl
Süße kleine Papierideen, die liebevoll gebastelt sind.

www.moooi.nl
Überraschende und ungewöhnliche Möbel und Accessoires. Die Klassiker von morgen. Schrilles, teilweise extravagantes Design.

www.sen-sen.dk
Piraten-Fans und Drachenliebhaber kommen hier voll auf ihre Kosten. Die kleine dänische Firma macht Accessoires vom Kissen bis zum Pappteller für den Kindergeburtstag.

www.habitat.de
Nicht nur schöne Möbel für Erwachsene. Auch die Kinderecke hat Modernes und Hochwertiges im gewohnten Habitat-Stil für einen guten Preis.

www.torstenvanelten.com
Coole Möbel von jungen Designern, die was Besonderes in jeder Wohnung sind.

www.tapetenagentur.de
Hier finden Sie fast alle Tapeten, die es überhaupt gibt. Englisch, modern, klassisch, gestreift, geblümt und auch selbst entworfen.

www.5qm.de
Die schönsten und ungewöhnlichsten Vintage-Tapeten von romantisch bis psychedelisch, von verspielt bis cool.

www.orekakids.com
Multifunktionale Möbel aus Holz in ausgefallenem Design, die die Kinder begleiten, bis sie groß sind.

franck-fischer

www.kvadrat.dk
Die besten und hochwertigsten Stoffe. Unter anderem auch der Stoff, der im Dunkeln Geschichten erzählt. Von Alfredo Häberli.

www.mibostudio.co.uk
Lampen, Kissen, Tassen und anderes, die erwachsen genug für das Wohnzimmer und verspielt genug für das Kinderzimmer sind.

www.etsy.com
Hobbybastler verkaufen hier ihre kreativen Arbeiten. Ist aber auch herrlich zum Stöbern und zur Inspiration, wenn Sie selbst gern Dinge gestalten.

rice

rice

www.zuckerwerk.ch

Traumhafte Internetseite zum Stöbern und hübsche Sachen zum Kaufen. Nostalgie mit einer netten, modernen Mischung.

www.himbeerheftchen.de

Die schönsten Schulhefte, die man finden kann. Da wird das Hausaufgabenmachen zum echten Kinderspiel. Süß!

www.vergissmeinnicht-hamburg.de

Traumhafte Kleinigkeiten für das Kinderzimmer und tolle Klamöttchen. Alles ein bisschen nostalgisch und sehr liebevoll.

www.sport-freizeit-stadel.de

Spielhäuser, Schaukeln und Klettergerüste. Hier gibt es günstiges, schönes und hochwertiges Holzspielzeug für den Garten.

www.pakhuisoost.com

Kunterbunte und herrliche Kinderaccessoires, die in jedem Kinderzimmer das Lieblingsteil werden. Im Stil ein bisschen Siebziger.

www.rasselfisch.de

Alles, was Sie für einen guten Start mit Ihrem Kind brauchen. Hochwertige Produkte mit viel Design, deshalb auch nicht ganz billig.

habitat

zoeppritz

www.tartine-et-chocolat.fr

Der Laden für romantische Mütter mit mindestens genauso veranlagtem Töchterchen oder Söhnchen. Süße pastellige Dinge, die lieb gucken und süß aussehen.

www.dawanda.de

Tolle Sachen, die Kreative für Liebhaber selbst herstellen. Selbst Gemachtes wie Taschen, Buttons, Kärtchen usw. wird dort verkauft. Man kann hübsche Dinge finden und sich Ideen holen.

www.jonathanadler.com

Der amerikanische Shootingstar unter den Keramikkünstlern fertigt traumhafte Objekte. Perfekter Mix zwischen Kunst und Alltag.

www.thomaspaul.com
Jede Wohnung gewinnt mit den Objekten von Thomas Paul. Ob es der Vogelteppich ist, die Lampe, das Kissen oder einer seiner Teller. Toll!

rice

zoeppritz

www.neudorff.de
Florfliegenlarven fressen Blattläuse, Raubmilben gegen Spinnmilben. Hier können Sie Ihre Pflanzenschädlinge bestimmen und sich die passenden Nützlinge per Post schicken lassen.

www.bijzondermooi.nl
Geistreiches Spielzeug für Kinder und geschmackvolles Design für Erwachsene. Hier gibt es praktische und Spielhäuser aus Pappe.

www.playsam.com
Bei der schwedischen Firma finden Sie die tollsten Kinderautos der Welt. Da muss Sohn nur aufpassen, dass sich Papa nicht in das Gefährt verliebt.

www.inke.nl
Hier gibt es die zauberhaften Tapetentiere von Seite 100 und noch mehr Silhouetten für die Wand.

www.jako-o.de
Alles an praktischen und pädagogischen Zutaten für den Kinderalltag gibt es bei JAKO-O.

www.bertine.de
Bei Bertine kriegt man alles, was das Leben ein bisschen niedlicher macht. Kleine Geschenke, hübsche Wohnaccessoires und auch nett Verpacktes aus der Beautywelt. Süße Kleinigkeiten eben.

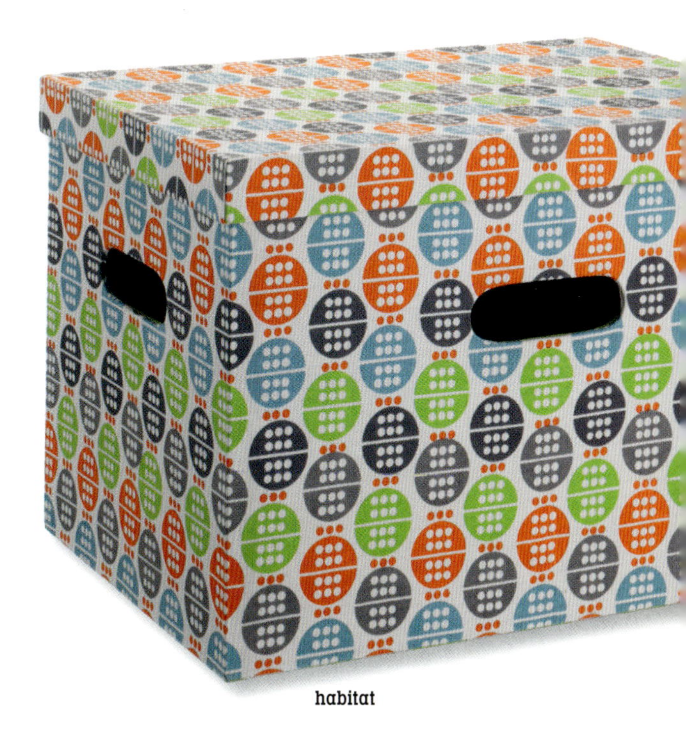
habitat

www.magazin.de
Sehr besondere Möbel gibt es bei Magazin. Schlaue Möbel, die das Potenzial für Klassiker von morgen haben.

www.lovelystuff.de
Wimpelketten mit Buchstaben, köstliche Pralinen mit individueller Beschriftung, Taschen mit Namen – hier finden Sie feine Kleinigkeiten, die einen besonderen Anlass noch festlicher machen und Geschenke, die sehr persönlich sind.

www.franck-fischer.com
Hübsch bunt, nicht knallig, schlicht und liebevoll sind die Produkte, die die Däninnen Franck und Fischer entwerfen. Viele der Spielzeuge, Puppen und Accessoires lassen die Designerinnen „fair" produzieren.

Alle Internetadressen der Hersteller und Online Shops finden Sie auch direkt verlinkt unter www.SoLebIch.de/Unser-Nest

Verlag Georg D.W. Callwey GmbH & Co. KG
Streitfeldstraße 35
81673 München
www.callwey.de
E-Mail: buch@callwey.de

Die Deutsche Nationalbibliothek verzeichnet diese Publikation in der Deutschen Nationalbibliografie; detaillierte bibliografische Daten sind im Internet über <http://dnb.ddb.de> abrufbar.

ISBN 978-3-7667-1808-2

Lektorat: Heide Hohendahl, München
Umschlag: independent Medien-Design
Layout und Satz: Daniela Petrini
Druck und Bindung: Mohn media Mohndruck GmbH, Gütersloh
Printed in Germany
www.SoLebIch.de/Unser-Nest

ZUM SCHLUSS

Ich möchte mich bedanken bei all den Menschen, die mir einen kleinen Einblick in ihr Leben gewährt haben. Aus Gesprächen mit Leuten, die zwar keinen hohen Titel besitzen, aber echte Experten des Alltags sind, konnte ich viele Anregungen gewinnen. Manche Idee, manchen Trick, manch kleine Weisheit habe ich direkt an die Leser weiterleiten können.

Meine eigene kleine Familie – Torge, Ida und Lis – hat mir geholfen, dieses Buch fertig zu stellen, jeder nach seinen Möglichkeiten, jeder mit ganz viel Geduld.

Wie man als Familie funktioniert, nicht unbedingt immer reibungslos, aber immer liebevoll, haben mir meine Eltern und meine Schwestern vorgelebt. Auch dafür: Danke!

BILDNACHWEIS

Seite 7: AP/Inside/H&L/W.HEATH, Seite 8: GAP/Inside/HOUSE & LEISURE, Seite 9: GAP/Inside/B. CLAESSENS – Architect Chris Paulissen, Seite 11: GAP/Inside/B. CLAESSENS – Designer J Van Oevelen, Seite 12: GAP/Inside/B. CLAESSENS, Seite 13: GAP/Inside/B. CLAESSENS – Designer Jan De Vis, Seite 14: GAP/Inside/M.FRANCKEN, Seite 15: GAP/Inside/H&L/J. DE VILLIERS, Seite 15: GAP/Inside/H&L/M. WILLIAMS, Seite 17: GAP/Inside/H&L/ D.ROSS, Seite 18: GAP/Inside/H&L/W.HEATH, Seite 20 unten: Fotolia/Henri Schmit, Seite 21 unten: Fotolia/Luminis; links oben und unten: www.le-smou.com/Galerie; rechts oben und unten: Darren Hangar/www.picasaweb.google.com/lesmoureal, Seite 22: GAP/Inside/HOUSE OF PICTURES/S.HELSTED, Seite 24: GAP/Inside/L. WAUMAN, Seite 25: GAP/Inside/S.ANTON – Stylist St Hilaire, Seite 26: GAP/Inside/B. CLAESSENS – Designer J Denis, Seite 28: Jonas von der Hude / Living at Home / Picture Press, Seite 29: Stephan Thurmann / Living at Home / Picture Press, Seite 30: GAP/Inside/A.BARALHE, Seite 31 oben: GAP/Inside/M.FRANCKEN/C.EXELMANS, Seite 31 unten: GAP/Inside/B.LIMBOUR – Architect Frederic De Laet, Seite 33: GAP/Inside/B. CLAESSENS – Designer J Van Oevelen, Seite 34: GAP/Inside/E.SAILLET – Artist Laurence Drevon Chavanne, Seite 36: GAP/Inside/L. WAUMAN, Seite 37: GAP/Inside/L. WAUMAN, Seite 38: GAP/Inside/HOUSE OF PICTURES/K.TENGBERG, Seite 39: GAP/Inside/H&L/ D.ROSS, Seite 40: Fotolia/DINOSTOCK, Seite 41: Fotolia/KATI MOLIN, Jenny-Levie: Foto von Melanie Dreysse, Seite 43: GAP/Inside/B. CLAESSENS, Seite 44 rechts: GAP/Inside/HOUSE & LEISURE, Seite 44 links: GAP/Inside/H&L/J. DE VILLIERS, Seite 46: GAP/Inside/ A Baralphe – MAISON D'HâTE LES HAUTES BRUYERES. www.lhb-hote.FR., Seite 47: GAP/Inside/B. CLAESSENS – Decoration Annemie and Stefaan de Ceuleneer, Seite 48/49: Porträt über Stefan Marquard Geschirrtuch: Fotolia/Kurt Tutschek, Geschirrtuch klein: Fotolia/creative studio, Kochlöffel: Fotolia/Adele De Witte, Seite 50/51: Porträt Stefan Marquard bitte ergänzen, bitte ergänzen, Schüsseln: Fotolia/MartiVig, Schneebesen: Fotolia/Kaarsten, Seite 53: GAP/Inside/D.VORILLON – Designer Kerry Joyce, Seite 54: GAP/Inside/L.WAUMAN/C.EXELMANS, Seite 55 unten: Uwe Schiereck / Living at Home / Picture Press, Seite 55: GAP/ Inside/ L Wauman, Seite 57: GAP/Inside/H&L/D.CHATZ, W.HEATH, Seite 58: GAP/Inside/E.SAILLET, Seite 59: GAP/Inside/S.ANTON, Seite 60: Olaf Szczepaniak / Picture Press, Seite 61: GAP/Inside/H&L/ D.ROSS, Seite 62: GAP/Inside/H&L/J. DE VILLIERS, Seite 65: GAP/Inside/S.EVEREART, Seite 68: GAP/Inside/E.SAILLET, Seite 67: GAP/Inside/S.ANTON – Sophie Dassio Da Silva, Seite 69 rechts: GAP/Inside/S Dos Santos – Artist D Kyte, Seite 69 links: GAP/Inside/L. WAUMAN – Architect Nathalie de Bael, Seite 70: GAP/Inside/H&L/M.HOYLE; Seite 71: GAP/Inside/M. ROOBAERT – Philippe Starck, Seite 72: GAP/Inside/E.SAILLET – Stylist Agence Detail, Seite 73: GAP/Inside/L Wauman – Architect: Jaan De Baeyne, Seite 74: GAP/Inside/B. CLAESSENS – decorator Ann Collier, Seite 75: GAP/Inside/M. ARNAUD, Seite 76: GAP/Inside/H&L/M. CLEARY, Seite 78: Olaf Szczepaniak / Picture Press, Seite 80: GAP/Inside/E.SAILLET, Seite 81: GAP/Inside/H&L/J. DE VILLIERS, Seite 81: GAP/Inside/H&L/J. DE VILLIERS, Seite 82/83: www.kochmehrin.de, Rathaus (Brüssel): Fotolia/Sven Krause, Seite 85: GAP/Inside/B. CLAESSENS, Seite 86: GAP/Inside/H&L/J. DE VILLIERS, Seite 88: GAP/Inside/HOUSE OF PICTURES/K.TENGBERG, Seite 89: GAP/Inside/HOUSE OF PICTURES/K.TENGBERG, Seite 90: GAP/Inside/B. CLAESSENS – Designer Annick Van de Weghe, Seite 91: GAP/Inside/HOUSE OF PICTURES/L.WENDENDAHL, Seite 92: GAP/Inside/A.BARALHE, Seite 93: GAP/Inside/H&L/ S.CHANCE, Seite 94: GAP/Inside/H&L/W.HEATH, Seite 95: GAP/Inside/HOUSE OF PICTURES/K.TENGBERG, Seite 96: GAP/Inside/ A Baralpha – Designer: Pucci De Rossi. Frederic Butz. www.made75.com, Seite 97 unten: GAP/Inside/H&L/K. BERNSTEIN – Architect J Jacobson, Seite 97: oben: GAP/Inside/L. WAUMAN, Seite 98: Konstantin Eulenburg / Living at Home / Picture Press, Seite 100: Jonas von der Hude / Living at Home / Picture Press, Seite 101: GAP/Inside/B. CLAESSENS – Designer J Van Oevelen, Seite 102: GAP/Inside/H&L/W. HEATH, Seite 103: GAP/Inside/H&L/S. CALITZ, Seite 105: GAP/Inside/S.ANTON – Sophie Dassio Da Silva www.woodwork.be, Seite 106: GAP/Inside/D.VORILLON – Architect Radziner, Seite 108: GAP/Inside/S.ANTON, Seite 109: GAP/Inside/B. CLAESSENS – Decoration Annemie and Stefaan de Ceuleneer, Seite 110: Porträt Alfredo Häberli: Foto von Isabelle Truninger, Zürich, www.diepresse.com, www.bonluxat.com, www.stylepark.com, Seite 113: GAP/Inside/W.WALDRON, Seite 114 links: GAP/Inside/B. CLAESSENS – Design Christine Van Stehen, Seite 114 rechts: GAP/Inside/D.Chatz – Zululand@global.ca.za, Seite 115: GAP/Inside/H&L/A. GELDENHUYS, Seite 116: GAP/Inside/H&L/T.BUCHANAN, Seite 117: GAP/Inside/H&L/K. BERNSTEIN, Seite 118: Konstantin Eulenburg / Living at Home / Picture Press, Seite 119: GAP/Inside/S.ANTON – Sophie Dassio Da Silva www.woodwork.be, Seite 120: GAP/Inside/H&L/M.HOYLE – Design Logo Homes, Seite 122: GAP/Inside/W.WALDRON, Seite 124: GAP/Inside/I.SNITT, Seite 125: GAP/Inside/H&L/E. YOUNG – Architect Anne Claude, Seite 126: GAP/Inside/A.BARALHE, Seite 127 unten: GAP/Inside/B. CLAESSENS, Seite 127 oben: GAP/Inside/H&L/J. DE VILLIERS, Seite 128: Uwe Schiereck / Living at Home / Picture Press, Seite 130: Maike Jessen / Picture Press, Seite 132: GAP/Inside – „Maisons de St tropez" by Aubanel Publisher Style: Marie Bariller, Seite 133: GAP/Inside/B. CLAESSENS – Architect Bart Lens, Seite 134: GAP/Inside/H&L / L.TSILIYANNIS, Seite 135: GAP/Inside/H&L/J. DE VILLIERS, Seite 136: Porträt über Christian Scroch, Seite 138: GAP/Inside/S. ANTON – Sophie Dassio Da Silva www.woodwork.be, Seite 140: Narratives/H&L/E Young – Architect: Karen Wygers. Decorator: Catherine Pitt Interiors, Seite 141: Narratives/H&L/E Young – Architect: Karen Wygers. Decorator: Catherine Pitt Interiors, Seite 143: GAP/Inside/S.ANTON/C. EXELMANS, Seite 144 oben links: GAP/Inside B Van Leuven – www.bartvanleuven.com – Stylist C Exelmans, Seite 144 unten links: GAP/Inside/F. BESSE – Stylist C Exelmans, Seite 144 unten rechts: Julia Hoersch / Living at Home / Picture Press, Seite 144 oben rechts: über Hersteller www.inke.nl, Seite 145: Julia Hoersch / Living at Home / Picture Press, Seite 146: Anke Schuetz / Picture Press, Seite 148 oben rechts: GAP/Inside/S.EVEREART – Stylist C Exelmans, Seite 148: Heike Schroeder / Living at Home / Picture Press, Seite 148: Ulrike Holsten / Picture Press, Seite 149: GAP/Inside/L.WAUMAN/C.EXELMANS, Seite 150: Heike Schroeder / Living at Home / Picture Press, Seite 151: GAP/Inside/S.EVEREART – Stylist C Exelmans, Seite 151 unten: Stephan Thurmann / Living at Home / Picture Press, Seite 152: GAP/Inside/L. WAUMAN, Seite 154: GAP/Inside/M.FRANCKEN/C.EXELMANS, Seite 155 alle: Jonas von der Hude / Living at Home / Picture Press, Seite 156: GAP/Inside/M.FRANCKEN/C.EXELMANS, Seite 157 alle: GAP/Inside/M. FRANCKEN/C.EXELMANS, Seite 158/159: Porträt Alexa Hennig von Lange: Marcus Höhn. info@marcus-hoen.de, Collage und Abbildungen Buchocver: www.alexahennigvonlange.de, Seite 160: GAP/Inside/S.ANTON, Seite 162: Olaf Szczepaniak / Picture Press, Seite 163: GAP/Inside/H&L/W. HEATH, Seite 164: Olaf Szczepaniak / Picture Press, Seite 165: GAP/Inside/L. WAUMAN, Seite 167: Julia Hoersch / Living at Home / Picture Press, Seite 168: GAP/Inside/H&L/M.HOYLE, Seite 169: Julia Hoersch / Living at Home / Picture Press, Seite 170–175: Bilder über Hersteller. Zeichnungen: Sarah Menz.

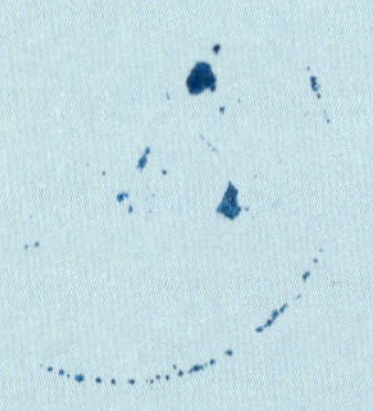